Burow
Team-Flow

»Herauszufinden, wozu man sich eignet, und eine Gelegenheit zu finden, das zu tun, ist der Schlüssel zum Glücklichsein.«

John Dewey (Democray and Education, 1930)

»My model for business is The Beatles ... They were four guys who kept each other's kind of negative tendencies in check. They balanced each other and the total was greater than the sum of its parts. That's how I see business. Great things are never done by single persons. They are done by a team of people.«

Steve Jobs (www.youtube.com/watch?v=1QfK9UokAIo, 2003)

Olaf-Axel Burow

Team-Flow

Gemeinsam wachsen im Kreativen Feld

Über den Autor:
Prof. Dr. Olaf-Axel Burow lehrt Erziehungswissenschaft an der Universität Kassel und ist Autor zahlreicher Sachbücher zu Pädagogik, Schul- und Organisationsentwicklung sowie Kreativitätsforschung und Zukunftsgestaltung. Bei Beltz erschienen seine Bücher »Positive Pädagogik« (2011) und »Digitale Dividende« (2014).

Homepage:
www.olaf-axel-burow.de

Dieses Buch ist auch als E-Book erhältlich:
E-Book/epub: ISBN 978-3-407-29385-5
E-Book/pdf: ISBN 978-3-407-29406-7

Das Werk und seine Teile sind urheberrechtlich geschützt.
Jede Nutzung in anderen als den gesetzlich zugelassenen Fällen bedarf der vorherigen schriftlichen Einwilligung des Verlages.
Hinweis zu § 52a UrhG: Weder das Werk noch seine Teile dürfen ohne eine solche Einwilligung eingescannt und in ein Netzwerk eingestellt werden. Dies gilt auch für Intranets von Schulen und sonstigen Bildungseinrichtungen.

© 2015 Beltz Verlag · Weinheim und Basel
www.beltz.de

Lektorat: Ingeborg Sachsenmeier
Herstellung: Michael Matl
Gesamtherstellung: Beltz Bad Langensalza GmbH, Bad Langensalza
Reihenkonzept: glas ag, Seeheim-Jugenheim
Umschlaggestaltung: Lelia Rehm
Umschlagabbildung: fotolia © DouDou
Printed in Germany

ISBN 978-3-407-36569-9

Inhalt

Prolog: Ein Freund, ein guter Freund   9

Mit Teamkreativität zum Erfolg   17

    Vom einsamen Genie zum »Kreativen Feld«   18

    Kreativität und Improvisation:
    Die Jazzband als Führungsmodell der Zukunft   24

    Die heilsamen Kräfte der Unordnung   27

    Zwei Arten zu musizieren   28

    Revision des Bewusstseins   29

    Revision des Ortes   30

    Revision der Überzeugungen   32

    Kreatives Zusammenspiel: Von Fußballern lernen   33

    Methoden zur Schaffung Kreativer Felder   36

    Der Schlüssel zum Team- oder Group-Flow   39

    Bedingungen für Team- beziehungsweise Group-Flow   41

    Die fünf Cs des Team-Flows   44

    Ausblick »Jammen« in Kreativen Feldern   45

Kreativität gibt es nur im Plural   47

    Die Kosten der Individualisierung   48

    Das Ende der Zwangsindividualisierung:
    Entstehung kreativer Gemeinschaften   53

    Der Ort der Kreativität   58

    Kreative Tätigkeitsformen   65

Kreativität und Feld   71

    Ein antikreativer Arbeitsplatz   72

    Aha-Erlebnisse   73

    Kreativität in der Feldtheorie Lewins   75

    Vom Wappen zum Lebensraum   79

    Das Feld ist ein »erlebnismäßig strukturierter Raum«   80

    Die Beschreibung des »Lebensraums« bei Lewin   82

    Selbstbezug als wirksame Kraftquelle   83

    Lebensraumdarstellung: Das Feld meiner Möglichkeiten   87

    Welche Valenzen setze ich in meinem Umfeld?   88

    Wie ich meine Umwelt bewerte   97

    Wie ich die vier Konflikte erkenne, die meine Kreativität
    behindern   100

    Kreativität erfordert Grenzüberschreitung   105

Möglichkeiten der Förderung persönlicher Kreativität   111

    Das richtige Feld finden oder selbst formen   114

    Selbstähnlichkeit bewahren   117

    Kante zeigen   118

    Negative Glaubenssysteme erkennen und überwinden   124

    Persönliche Paradigmen steuern unsere Feldwahrnehmung   129

    Was sind »persönliche Paradigmen«?   130

    Tod eines Handlungsreisenden   134

    Der Wechsel des persönlichen Paradigmas: Eine Fallstudie   136

    Durch den offenen Raum die innere Berufung entdecken   140

    Die optimale Arbeitsumgebung schaffen   146

    Die Fähigkeit zum Staunen bewahren   150

    Die Kultivierung von »Flow im Alltag«   155

    Grenzen des persönlichen Wandels   159

Kann man Kreative Felder erzeugen?   165

    Das Prinzip Ermutigung   166

    Was ist ein Kreatives Feld? Eine Definition und ein Schlüsselkonzept   167

Die Schaffung Kreativer Felder als experimenteller Vorgang	184
Das Kreative Feld als Tanzfläche	188
»Anziehende« Freiräume für Selbstorganisation schaffen	191
Synergieanalyse: Wo finde ich Partner, die zu mir passen?	193

Der notwendige Abschied vom Genie 197

    Resümee 198

Nachwort 205

Literatur 209

Personenregister 219

- 🔍 Beispiel
- ❗ Info
- ⚙ Transfer

Prolog:
Ein Freund, ein guter Freund

Am 18. Dezember 1927 erschien im Berliner Lokal-Anzeiger eine unscheinbare Anzeige.

> **Achtung. Selten.**
> Tenor, Bass (Berufsanfänger, nicht über 25), sehr musikalisch, schön klingende Stimmen, für einzig dastehendes Ensemble, unter Angabe der täglich verfügbaren Zeit gesucht. Ej. 25 – Scherlfiliale, Friedrichstr. 136 [J465

Die Anzeige, die Harry Frommermann und sein *Nachbarsfreund Theodor Steiner* in einer Zeit aufgaben, als sich die drohenden Anzeichen der kommenden Wirtschaftskrise, Massenarbeitslosigkeit und Verelendung schon bemerkbar machten, stieß auf zweifelhafte Resonanz. Am nächsten Morgen drängten sich mehr als 70 Menschen, fast alle ohne jede musikalische Vorbildung, vor der Tür. Aber Lohn und Brot, worauf die Arbeitsuchenden hofften, konnte Frommermann ihnen am allerwenigsten bieten.

Er besaß nicht viel mehr als den *utopischen Plan zur Gründung eines völlig neuen Gesangsensembles*, deren Vorbild die Revellers sein sollten. Die Revellers waren eine bekannte A-capella-Formation aus den USA, Gesangsartisten, die in ihren Konzerten und Plattenaufnahmen eine bisher einzigartige Harmonie der Stimmen erzeugen konnten. Aber in ihrem Gesangsstil blieben sie weitgehend auf ein sehr schmales Repertoire des Jazz und Jig Walk beschränkt. Der Stil, der Frommermann vorschwebte, sollte die gleiche Leichtigkeit und Qualität erreichen, darüber hinaus aber alle Musikrichtungen vom klassischen Konzert über den Schlager bis hin zum Volkslied einbeziehen. Frommermann hatte bereits mehr als ein Dutzend Arrangements in sechsmonatiger Arbeit geschrieben. Und nun stand er zusammen mit Theodor Steiner vor dem Problem, diejenigen auszuwählen, mit denen er zusammen seinen Traum verwirklichen konnte. Dabei hätten die Chancen kaum schlechter stehen können. Frommermann besaß zwar eine erstaunliche Musikalität, konnte Musikinstrumente täuschend echt imitieren, verfügte aber über keinerlei Ausbildung. Seine Kontakte zum Musikgeschäft beschränkten sich auf einen Verwandten, der als Musikagent arbeitete. Und er war gänzlich mittellos. Für die Zeit der Proben in den folgenden Monaten lebte er ständig auf Pump. Als Atelier musste sein kleines Dachzimmer herhalten.

Unter den vielen Bewerbern ragte allein Biberti heraus, ein Bass mit einer wunderbaren Stimme, Autodidakt wie Frommermann. *Und Biberti ließ sich von Frommermanns Vision anstecken.* Als ihm Frommermann auf dem billigen, altersschwachen Klavier seine ersten Partituren vorspielte, erkannte er augenblicklich die Möglichkeiten, die in dem Projekt steckten: »Einmalig war das, völlig abseits von allem, was wir bisher auf diesem Gebiet kannten. Ich roch, dass es eine Sensation werden konnte« (Fechner 1998). Biberti war auf der Stelle bereit – ebenso wie Frommermann ohne Aussicht auf Bezahlung –, alles in diesen Traum zu investieren. *Gemeinsam mit Frommermann machte er sich daran, weitere Kollegen zu gewinnen.*

Es folgte eine Zeit des tastenden Suchens und vieler Rückschläge. Bis die Gruppe endlich in der endgültigen Formation bestand, vergingen Monate. *Frommermann schrieb fieberhaft, Tag und Nacht, an den Arrangements:* »Eigentlich war ich weder ein geschulter Musiker noch Sänger, und die Bearbeitungen, die ich schrieb, entstanden sehr mühselig.« Die Vision, die ihm vorschwebte, der völlig neuartige Gesangsstil, schien sich der Verwirklichung zu sperren. Die ersten Versuche klangen noch wie die Proben eines altmodischen Männerquartetts. »Mühselig mussten wir die Tugenden erlernen, Zurückhaltung zu üben, um hören zu können, was der Nebenmann sang.« Dennoch, Frommermann trug nun nicht mehr allein an seiner Vision. Biberti fasst rückblickend die Motive zusammen, die jeden Einzelnen in den schwierigen ersten Monaten zur dauernder Mitarbeit antrieben und dazu brachten, *sich zu diszi-*

plinieren und der Gruppe unterzuordnen: »Wenn ich hier die Möglichkeit finde, innerhalb einer Gruppe etwas Neues mit aufzubauen, dann schaffe ich für mich eine Zukunft und komme weg von der Herde, aus der ich hervorging.«

In dieser ersten Krise erfuhr Frommermann, dass seine Fähigkeiten bei weitem nicht ausreichend waren. Und hier schien vielleicht zum ersten Mal das unerbittliche Qualitätsbewusstsein der Gruppe auf, das über alle persönlichen Differenzen hinweg die Gemeinschaft trug und an den entscheidenden Wendepunkten immer wieder vorwärtstreiben sollte. Frommermann verzichtete auf die musikalische Leitung sowie die Alleinverantwortlichkeit für die Arrangements, und man engagierte den Pianisten Erwin Bootz.

Mit Erwin Bootz gewann die Gruppe einen Musiker, der über brillante Fähigkeiten als Pianist und über ein atemberaubendes musikalisches Gedächtnis verfügte und für Frommermann die ideale Ergänzung darstellte. Bootz war, wie er freimütig zugab, von einer gewissen Bequemlichkeit und weit davon entfernt, Frommermann aus seiner Position verdrängen zu wollen. Als einziger der Gruppe lebte er ohne Existenzängste und konnte, während die anderen arbeiten mussten, mit den regelmäßigen Zuweisungen seiner Mutter rechnen. Er besaß die Ausbildung und die Fähigkeit, den Arrangements von Frommermann den musikalischen Schliff zu geben: »Er (sc. Frommermann) hatte tatsächlich hübsche Einfälle, aber er kannte eben das Handwerk nicht. Das hat er erst nach und nach von mir gelernt, also unter meiner Anleitung. Und dann hat er sehr gute Arrangements gemacht, wirklich sehr gute.«

Ende März 1928, kurz nachdem Bootz zur Gruppe gestoßen war, drei Monate nachdem die Gruppe erstmals ihre Proben aufgenommen hatte, stellte man sich zum ersten Mal fremder Kritik. Das Vorsingen beim Besitzer des wichtigsten Berliner Varietétheaters war, wie sich Biberti schaudernd erinnert, ein Fiasko, »eine Niederlage ersten Ranges. Wir standen in unseren Straßenanzügen auf der riesigen Bühne, über uns brannte eine einsame Arbeitslampe, nichts klappte mehr. Wir sangen völlig auseinander. Es war nur noch ein Sammelsurium von unverständlichen Worten und ununterscheidbaren Stimmen.« Der Direktor besann sich nicht lange und lehnte ab; böse Worte fielen: »Wohl mehr etwas für ein Beerdigungsinstitut!«.

Die Gruppe dachte nicht ans Aufgeben. »Wir hatten trotz unserer Katastrophenstimmung mehr oder minder im Unterbewusstsein begriffen, dass das, was wir machten, etwas völlig Neues war und dass sich dieses Neue eines Tages gut verkaufen lassen musste.« Biberti brachte auf den Punkt, was alle dachten: *»Jetzt wird feste geprobt. Wir werden diese ganzen Fehler beseitigen. Wir werden es schaffen, da gibt es gar keinen Zweifel.«* Tatsächlich sollte die Ablehnung zu einem Wendepunkt werden, der die Tragfähigkeit von Frommermanns Vision erneut unter Beweis stellte und das Ensemble endgültig zum Erfolg führte. Aus einem Kokon von sechs Amateuren schlüpfte ein professionelles Ensemble.

Schon wenige Tage nach der Ablehnung formierten sich die Musiker zu einer Gesellschaft bürgerlichen Rechts und nannten sich »Melody Makers«. *Der Vertrag, den die sechs Musiker miteinander schlossen, sah völlige Gleichberechtigung der Mitglieder vor* und jeder sollte zu einem Sechstel am künftigen Gewinn beteiligt werden. Gemeinsam ging man nun daran, Fehler zu beseitigen. Das verpatzte Vorsingen hatte deutlich »vor Ohren« geführt, dass Frommermanns Atelier für Proben völlig ungeeignet war. Die sechs Musiker begannen noch einmal von vorn, arbeiteten nun härter als je zuvor. Vier Stunden täglich, vier Monate lang, zumeist mitten in der Nacht, probten die Mitglieder, weil sie tagsüber ihren Lebensunterhalt verdienen mussten. Durch ständiges Abhören und Durchproben erst einzelner, dann zweier und dreier Stimmen verbesserten sie ständig ihr Gefühl für Harmonie und die Genauigkeit der Stimmführung. »Wichtig war auch, dass wir wie aus einem Guss sprachen, dass wir lernten, synchron zu artikulieren und jedes Wort von uns fünfen so gesprochen wurde, dass jeder es im Saale verstand.« Im Verlauf dieser vier Monate entstand jene Leichtigkeit, jener unverwechselbare Charme und *jener geheimnis-*

volle Zusammenklang der Stimmen, der entscheidend war für den späteren Erfolg.

Und wieder war es das unerbittliche Qualitätsbewusstsein der Gruppe, das keine persönlichen Rücksichten kannte. Frommermanns Freund, Theodor Steiner, Mitbegründer der ersten Stunde, dessen stimmliche Mittel dem hohen Anspruch des Ensembles nicht mehr gerecht wurden, musste gehen; für ihn kam Roman Cycowski. Das Ensemble war komplett. Bevor sie zum ersten Mal auftraten, gaben sie sich den Namen, unter dem sie dann auch bekannt wurden: »Comedian Harmonists«.

Der künstlerische Durchbruch kam schlagartig, in atemberaubendem Tempo. Das erste eigene Konzert im Januar 1930 im Leipziger Schauspielhaus, zwei Jahre nachdem sich die Gruppe zu ihren ersten Proben getroffen hatte, geriet zum vollkommenen Triumph. Die Erfolgsserie, die auch in den folgenden Jahren nicht mehr abriss, beschränkte sich nicht auf Deutschland, sondern führte die Comedian Harmonists auf gefeierte Tourneen rund um die Welt.

Nachdem sich der Erfolg endlich eingestellt hatte, versuchten viele Ensembles, die Comedian Harmonists zu kopieren, doch erwuchs daraus nie eine ernsthafte Konkurrenz. »Vielleicht darum«, fasst Roman Cycowski rückblickend zusammen, »weil niemand so schwer gearbeitet hat wie wir. Immerzu haben wir an uns gearbeitet wie die Akrobaten. Und *obwohl wir so verschiedene Charaktere hatten*, waren wir uns in der Arbeit einig die Comedian Harmonists, nicht Biberti, nicht Cycowski, nicht Frommermann, nicht Collin nur: die Comedian Harmonists. Deshalb haben wir als Menschen so gut harmonisiert und sind auch fast immer gut miteinander ausgekommen.«

Auch außerhalb der Proben und Konzerte wurde zusammengearbeitet. Es schälte sich dabei eine *Arbeitsteilung heraus, innerhalb derer jeder nach seinen Mitteln und Fähigkeiten* zum Gelingen des Erfolgs beitrug. Bootz und Frommermann schrieben die Partituren. Ari Leschnikoff, der einzige mit Offiziersausbildung, kontrollierte vor jedem Auftritt die Kleidung, bügelte, wenn nötig, eigenhändig

Hemd, Frack, Hose. Der sprachbegabte Collin besorgte Korrespondenz und Planung der Reisen. Der redegewandte Biberti führte die geschäftlichen Verhandlungen und konzipierte die langfristige Planung.

Gemeinsam verwirklichten sie einen Traum, erreichten ungeahnte Höhen gemeinsamer Kreativität und ergänzten sich musikalisch in einer erstaunlichen Intensität, wie Erwin Bootz sich noch immer fasziniert erinnert: »Heute finde ich es erstaunlich, dass so etwas wie die Comedian Harmonists überhaupt zustande gekommen ist. Wenn man bedenkt, was alles dazugehört, ein Tenor mit einer so enormen Höhe, der aber nicht Falsett singt, wie Ari Leschnikoff; dann ein zweiter Tenor, Erich Collin, der ausgerechnet so wenig Eigentimbre hat, dass sich seine Stimme gut mischen lässt; dann ein mit Idealismus gefülltes Musikantentum, wie das von Frommermann, der neben seinen vielen schönen Arrangements plötzlich die Fähigkeit entwickelt, Instrumente zu imitieren, obwohl er eigentlich keine besonderen stimmlichen Mittel besitzt, und der dafür sorgt, dass alle Klänge harmonisieren; dann Cycowski, diese herrliche vornehme Stimme, mit ihrer enormen Höhe – der konnte so hoch wie ein Tenor singen, und schließlich Biberti, ein samtener, leichter, aber wohlklingender Bass. Und zu allem auch noch die persönlichen Gleichungen dieser sechs Leute untereinander, die so ausbalanciert waren, dass niemals die Gefahr bestand, dass unsere Gruppe zerplatzen würde, was ja meistens das Ende der Karriere solcher Ensembles geworden ist. Und wenn es keine Einmischung von außerhalb gegeben hätte, wäre die Gruppe bis in ihr Alter zusammengeblieben und hätte die Leute erfreuen können.«

Das Ensemble löste sich 1938 unter dem Druck der Nationalsozialisten auf. Keiner der sechs Künstler hat jemals wieder an die Erfolge der Comedian Harmonists anknüpfen können.

Mit Teamkreativität zum Erfolg

»Was hältst du davon?«, fragte mich John sichtlich nervös, nachdem er zu Ende gespielt hatte ... Benommen erwiderte ich: »Das war stark. Das ist wirklich ein starker Song. Wie willst du ihn machen?« »Ich dachte, das sagst du mir!« konterte er lachend.

John Lennon im Gespräch mit George Martin (Lennon J. 1981)

Vom einsamen Genie zum »Kreativen Feld«

Im einleitenden Prolog sind fast alle Elemente enthalten, die beschreiben, wie ein Kreatives Feld entsteht. Die von mir kursiv hervorgehobenen Textstellen verweisen auf Erfolgsprinzipien gemeinsamer Kreativität, wie sie die Comedian Harmonists bereits in ihrer Gründungsphase intuitiv umsetzten. Wenn Sie jetzt den Prolog unter diesem Gesichtspunkt noch einmal lesen und sich fragen, welche Hinweise die kursiv gesetzten Textstellen auf Elemente kollektiver Kreativität geben, die zum Team-Flow beitragen, dann erhalten Sie so etwas wie einen roten Faden, der Sie bei der Lektüre dieses Buches leiten wird. Wie ich in diesem Buch herausarbeiten werde, gibt es eine Reihe von relativ einfachen Prinzipien, welche die Wahrscheinlichkeit erhöhen, dass fast jeder von uns auch mit begrenzten Fähigkeiten zu überragenden schöpferischen Leistungen beitragen kann. Kreativität ist weniger in der isolierten Leistung eines herausragenden Individuums zu verorten, sie entsteht vielmehr in Feldern, die in sehr spezifischer Weise aufgebaut sind.

In dieser Perspektive war Harry Frommermann, der Gründer der Comedian Harmonists, ein Kristallisationskern im Feld. Indem er eine faszinierende Vision entwickelte, zog er die nötigen Talente zur Verwirklichung seiner Idee einer neuartigen Musikgruppe an. Das Neue entstand – angestoßen durch einen Visionär – als Synergieleistung unterschiedlichster Personen, die ihre unterschiedlichen Fähigkeiten zu einem Kreativen Feld formierten. Gleichzeitig verfügte Frommermann als Arrangeur offenbar über die Fähigkeit, verschiedenste Einflüsse in seinem Schaffen zu verdichten. Auch hier war er der Visionär, der anstieß und vorantrieb. Doch ohne die korrigierenden und ergänzenden Beiträge seiner Gruppenmitglieder hätten nie die Lieder entstehen können, die wir noch heute mit Bewunderung hören.

Im anbrechenden digitalen Zeitalter, das völlig neue Chancen lokaler und globaler Zusammenarbeit bietet, stehen wir in Firmen und Institutionen genau vor dieser Herausforderung: Wie können wir die ungenutzten kreativen Potenziale unserer Mitarbeiter hervorlocken und so koordinieren, dass eine neue Stufe kollektiver Kreativität beziehungsweise gemeinsamen Schöpfertums erreicht wird, auf der ungeahnte kreative Leistungen entstehen? Um auf diese Fragen eine Antwort zu erhalten, müssen wir zunächst den Prozess der spontanen Bildung Kreativer Felder eingehender verfolgen. In diesem Buch werde ich deshalb einige theoretische Grundlagen beleuchten und das Kreativitäts- beziehungsweise Team-Flow-Modell herausarbeiten, während ich in meinen Praxisbänden (Positive Pädagogik 2011, Digitale Dividende 2014) daraus abgeleitet Verfahren zur gezielten Einrichtung Kreativer Felder vorgestellt habe. Bei unserem Weg durch theoretische Hintergründe soll uns die faszinierende Geschichte der Comedian Harmonists als Leitbild dienen. Die Comedian Harmonists haben in ihrer Domäne etwas Neues geschaffen. Es liegt also nahe, zunächst zu untersuchen, was wir über die Entstehung von Neuem wissen.

Wenn wir über Kreativität nachdenken, dann fallen uns in der Regel zunächst die Namen überragender Persönlichkeiten wie Mozart, Einstein oder Freud ein. Ihnen ist gemeinsam, dass sie uns als wahre Titanen erscheinen, die in ihrer jeweiligen Disziplin bahnbrechende Neuerungen geschaffen haben und unser Denken und Empfinden bis heute nachhaltig beeinflussen. Als legendäre Gestalten erscheinen sie uns so herausgehoben und entrückt, dass wir uns daneben als klein und unbedeutend empfinden. Obwohl jeder von uns tagtäglich kreativ ist und über ein unerschlossenes Potenzial an kreativen Fähigkeiten verfügt, erscheint es völlig lächerlich, unsere Kreativität mit den Schöpfungen dieser unerreichbaren Lichtgestalten zu vergleichen. Und doch haben wir eine gemeinsame Basis.

Diese gemeinsame Basis können wir oft nicht erkennen, weil Kreativität überwiegend als individuelle Leistung herausragend begabter Personen gesehen wird. Wenn ich auch nicht bezweifeln möchte, dass es solche besonderen Begabungen gibt, so wird dabei doch übersehen, dass Kreativität immer auch Ausdruck eines besonders günstig strukturierten Feldes, eines »Kreativen Feldes« ist. Jeder von uns ist im Laufe seines Lebens, ob er es nun weiß oder nicht, wichtiger Bestandteil solcher Kreativen Felder. In diesem Sinne kann jeder von uns zu schöpferischen Leistungen beitragen. Wenn wir Kreativität aus der Feldperspektive betrachten, dann erkennen wir, dass wir uns nicht prinzipiell von den legendären kreativen Überfiguren unterscheiden.

Deren Begabung allein reicht nämlich zur Erklärung ihrer bahnbrechenden Schöpfungen nicht aus. Wir müssen auch die besonders günstigen Feldbedingungen betrachten, die es ihnen erst ermöglichen, zu solchen Gipfelpunkten aufzusteigen. Für eine Theorie Kreativer Felder sind für die Freisetzung des eigenen kreativen Potenzials vor allem folgende Faktoren entscheidend.

- Kreative sind frühzeitig in der Lage, ihre eigene **Berufung** zu erkennen.
- Sie formulieren diese Berufung als eine **anziehende Vision** und folgen ihr, selbst gegen große Widerstände.
- Kreativen gelingt es, sich ein **geeignetes Synergiefeld** zu suchen oder zu schaffen, das Team-Flow ermöglicht.
- Und schließlich verfügen sie über die **Intuition**, zur richtigen Zeit das Gespür für das geeignete Feld zu entwickeln.

Aufgrund der Zwänge unserer einseitig auf kalkulierbare Ergebnisse fixierten Leistungsgesellschaft haben sich viele von uns vorschnell an die von außen an sie herangetragenen Anforderungen angepasst und verfehlen somit ihre innere Berufung. Meine innere Berufung ist so etwas wie meine innere Stimme, mein Traumkörper, der sich immer dann meldet, wenn ich gegen ihn angehe. Dinge, die mir leichtfallen, die mich anziehen, die ich aus innerem Antrieb machen möchte, weisen in die Richtung meiner inneren Berufung. Widerstände, die sich in Anstrengung, Arbeitsstörungen, Müdigkeit bis hin zu psychosomatischen Symptomen äußern, können Anzeichen dafür sein, dass ich meine innere Berufung verfehle.

Noch immer wird in Schulen, Hochschulen, Institutionen und Firmen allzu oft Anpassung an äußerliche Normen verlangt, obwohl wir wissen, dass das ungenutzte kreative Potenzial von Menschen nur dann erschlossen werden kann, wenn sie die Möglichkeiten erhalten, ihre wahre Berufung zu erkennen und ihr zu folgen. Um aber mein kreatives Potenzial optimal erschließen zu können, bin ich auf ein geeignetes Umfeld angewiesen. Harry Frommermann wusste, dass er Synergiepartner brauchte, um seine Schwächen auszugleichen, aber auch um seine besonderen Talente zum Tragen kommen zu lassen. Jeder von uns spielt im übertragenen Sinne in einer »Band«, ist Mitspieler in einem komplexen Feld und benötigt geeignete Mitspieler, um sein Potenzial ausschöpfen zu können.

Die Bedingungen für die Bildung solcher kreativen Synergiegemeinschaften, in denen sich unterschiedliche Begabungen wie bei den Comedian Harmonists zur Erreichung eines gemeinsamen Ziels ergänzen, sind günstiger geworden, denn in der digitalisierten, vielfach vernetzten globalisierten Wissensgesellschaft sind neue Qualifikationen gefordert. Die Komplexität der gesellschaftlichen Arbeitsteilung und das sich explosionsartig erweiternde Wissen lassen jeden von uns zu einem Spezialisten werden, der nur einen Teil des Elefanten sehen kann. Wollen wir aber den ganzen Elefanten verstehen, dann brauchen wir Teams, deren Mitglieder ihre Berufung erkannt haben und in der Lage sind, ihre unterschiedlichen Fähigkeiten miteinander zu kombinieren. Die Theorie des Kreativen Feldes zeigt den Königsweg aus der Sackgasse: Das Verständnis, wie Kreative Felder, die Team-Flow ermöglichen, entstehen und die Beachtung einiger weniger Prinzipien können dazu beitragen, dass wir alle unsere kreativen Potenziale in der Begegnung mit geeigneten anderen Personen freisetzen und dabei – auch mit bescheidenen Fähigkeiten – nicht nur zu Spitzenleistungen beitragen können, sondern auch Glück und Erfüllung erfahren.

Die zentrale Herausforderung beim Übergang zur digitalisierten Wissensgesellschaft besteht darin, Rahmenbedingungen zu schaffen, die es uns allen ermöglichen, unser ungenutztes kreatives Potenzial freizusetzen, um zu den notwendigen schöpferischen Prozessen beitragen zu können. Das Zeitalter der Zwangsindividualisierung beziehungsweise der spezialistischen Fragmentierung neigt sich seinem Ende zu, und am Horizont taucht die Chance zur Bildung kreativer Gemeinschaften auf. Damit dies geschieht, müssen wir uns verabschieden von der heroisierenden Legende vom einsamen Künstler, die – wie Ernst Kris und Otto Kurz schon 1934 festgestellt haben – ein verzerrtes und überhöhtes Bild vom schöpferischen Prozess zeigt und dennoch in unserer auf das Individuum fixierten Mediengesellschaft immer weiter fortgeschrieben wird.

Literaturtipp

Ernst Kris und Otto Kurz beschreiben in Ihrem kurzweilig zu lesenden Buch »Die Legende vom Künstler«, das 1995 in 5. Auflage erschienen ist, welche Muster Künstlerbiografien zugrunde liegen. Es geht auch darum, was die Gesellschaft in ihren Künstlern sieht und sehen will.

Meine Betrachtung der Hintergründe kreativer Prozesse wird zeigen, dass es neben dem göttlichen Funken eine Reihe von rational erklärbaren Faktoren gibt, deren Erkenntnis uns allen helfen kann, kreativer zu werden. Wir werden sehen, dass es ein Irrtum ist, allein auf die individualisierende Förderung besonders begabter Einzelpersonen zu setzen – wie es Programme der Exzellenzförderung einseitig betreiben. Wenn es darum geht, die unerschlossenen Begabungen der Vielen freizusetzen, scheint es erfolgversprechender zu sein, Rahmenbedingungen zu schaffen, die zum Entstehen vielfältiger Kreativer Felder beitragen.

Solche Felder existieren in vielfältiger Form in unserer Gesellschaft. Aber wir haben es bislang versäumt, ihre besonderen Leistungen zu würdigen. So gibt es vielfältige Formen der Paarkreativität, die aus der Zusammenarbeit zweier Personen entsteht, die einander in besonderer Weise herausfordern und ergänzen. Wir alle leben diese Formen, doch wir sind uns in der Regel der besonderen Chancen, die sich aus solchen Beziehungen ergeben, nicht bewusst. Die Beziehungen von Simone de Beauvoir und Jean-Paul Sartre oder von John Lennon und Yoko Ono, von Pierre und Marie Curie, aber auch von Bill Gates und Paul Allan, Steve Jobs und Steve Wozniak und vielen anderen zeigen anschaulich, was wir alle erfahren können: In der Begegnung mit dem Anderen kann ich Potenziale freisetzen, die mir allein nicht bewusst sind und die ich allein nicht erschließen kann.

Der Managementforscher Warren Bennis hat eine Untersuchung über geniale Teams vorgelegt (Bennis/Biedermann 1998), die anschaulich zeigt, dass nicht nur die Erfindung des PCs, sondern auch Walt Disneys Zeichentrickfilme das Resultat entwickelter Teamkreativität sind. Auch Keith Sawyer (2007), amerikanischer Kreativitätsforscher, betont die überragende Bedeutung des »Group Genius« und zeigt an vielen Beispielen, dass fast alle herausragenden Erfindungen Resultat des Zusammenwirkens vernetzter Personen sind. Er spricht von »invisible cooperation«, die sichtbar werde, wenn man das Zustandekommen kreativer Schöpfungen näher beleuchte. Die Erfindung des Spiels Monopoly, aber auch des Fernsehens – um zwei seiner Beispiele zu nennen – sind Ausdruck unsichtbarer kreativer Hintergrundfelder. Und selbst in der Kunst und Literatur, in denen wir geniale Einzelne als Schöpfer vermuten, ist – wie Vera John Steiner (2000) gezeigt hat –, »creative collaboration« eher die Regel als die Ausnahme.

Mehr noch: Stellvertretend für viele andere hat der französische Philosoph Pierre Levy (1996) gezeigt, dass wir mit dem Cyberspace zu neuen Formen digitaler Kreativität und kollektiver Intelligenz vordringen, die geeignet sind, sogar unsere Gesellschaft insgesamt zu revolutionieren, etwa indem neue Formen der Demokratie in Echtzeit möglich werden. Und was den Bereich von Unternehmen und Organisationen betrifft, zeigt das Konzept der »Lernenden Organisation« von Peter Senge, dass wir uns mitten in einem Prozess befinden, die Leistungen von Personen zu erkennen, die vernetzt miteinander arbeiten. Die schöpferischen Kräfte der zukünftigen Wissensgesellschaft werden nicht von herausragend begabten Genies im stillen Kämmerchen, sondern in vielfältig miteinander vernetzten Synergiegemeinschaften freigesetzt, in Kreativen Feldern, in denen kollaborativ arbeitende Menschen jeweils ihren einzigartigen Beitrag einbringen können. Insofern zeichnen sich die Umrisse einer Kreativitätsrevolution ab, deren Konturen ich zunächst anhand der Jazzmetapher skizzieren möchte.

Kreativität und Improvisation:
Die Jazzband als Führungsmodell der Zukunft

»Beim Jammen geht es darum, ein bestimmtes Umfeld für eine bestimmte Form der Unordnung zu schaffen. Es handelt sich dabei immer um einen Balanceakt zwischen Form und Freiheit, Disziplin und Kunst: Formales und Neues sind ständig miteinander konfrontiert, und so entsteht ständig etwas Neues.«

John Kao

Wenn wir überlegen, wie wir die Kreativität von Einzelnen oder Organisationen fördern können, dann denken wir oft an spezielle Formen des systematischen Kreativitätstrainings. Untersuchungen zeigen jedoch, dass solche Methoden nur wenig zu den gewünschten Kreativitätssprüngen beitragen. Der große Erfolg der Industriegesellschaft modernen Typs beruhte auf einer Anwendung von wissenschaftlichen Erkenntnissen innerhalb klar vorgegebener Organisationsstrukturen, die ständig verbessert wurden. Wie der amerikanische Wissenschaftsjournalist John Horgan gezeigt hat, kommen wir mit diesem systematischen Verfahren immer häufiger an die »Grenzen des Wissens« (1997), wie auch der Titel seines Buches lautet. Während Horgan die erstaunlichen Wissensfortschritte im 20. Jahrhundert als eine der Ursachen ansieht, die es immer schwieriger machen würden, Neues zu entdecken, weil das Grundlegende bereits erforscht sei, verweist der italienische Wissenschaftshistoriker Federico Di Trocchio (1998) in seinem Buch »Newtons Koffer« auf eine andere Barriere: Die Wissenschaft laufe gerade wegen ihrer erstaunlichen Erfolge Gefahr, dogmatischer als die katholische Kirche zu werden. Anhand zahlreicher Beispiele aus Vergangenheit und Gegenwart zeigt er, wie bestimmte Wissenschaftler bemüht sind, originelle Querdenker und Personen, die neuartige Fragestellungen entwickeln, auszugrenzen und ihnen Arbeits- und Publikationsmöglichkeiten zu nehmen. Viele neue Erkenntnisse wurden gerade deswegen gewonnen, weil deren Urheber nicht streng wissenschaftlich vorgingen. Bekanntestes Beispiel ist Kolumbus, der trotz oder gerade wegen seiner fehlerhaften Berechnungen Amerika entdeckte. Auch Robert Mayers intuitive Formulierung des ersten Hauptsatzes der Thermodynamik wurde jahrzehntelang nicht ernst genommen, weil sie von einem Grenzgänger in einer Sprache verfasst wurde, auf die sich die etablierten Wissenschaftler nicht einließen.

Di Trocchio zieht aus seiner erhellenden Untersuchung den Schluss, dass Wissenschaftler sich grundsätzlich auch für »schräge« Fragestellungen öffnen und das Wort »unmöglich« aus ihrem Vokabular streichen sollten. Auch die Wissenschaft neigt zur Selbstüberschätzung. So haben Wissenschaftler im letzten Jahrhundert lange Zeit die Möglichkeit der Stoffumwandlung ausgeschlossen, sie verwarfen die Idee einer funktionierenden Glühbirne, hielten das Radio, das Flugzeug und die chemisch-physikalische Analyse von Sternen für unmöglich.

Das entscheidende Hindernis sieht Di Trocchio in der fehlenden Anerkennung dessen, »was an Gutem in Ideen stecken kann, die den Horizont von Theorien und Meinungen übersteigen, welche zu einem gegebenen Zeitpunkt für vernünftig gehalten werden. Innerhalb bestimmter Grenzen bedarf die Wissenschaft geradezu des Irrationalen und kann darauf nicht verzichten« (1998). Eine Abhilfe sieht er in einem Toleranzgebot, das Wissenschaftler zur vorurteilslosen Offenheit gegenüber ungewöhnlichen Ideen verpflichtet. Zusätzlich sollten zehn Prozent aller Forschungsmittel von unabhängigen Gremien an Querdenker und außerhalb der etablierten Institutionen stehende Forscher vergeben werden.

Erinnern wir uns an das Beispiel der Entstehung der Comedian Harmonists: Harry Frommermann war vielleicht gerade deswegen in der Lage, eine neuartige Musikgruppe zu formieren, weil er über keine klassisch musikalische Ausbildung verfügte und beinahe naiv an seine Arrangements heranging. Doch der Querdenker bedarf der Korrektur durch einen Fachmann, der das Handwerk beherrscht, wie den Pianisten Erwin Bootz. Dessen besondere Fähigkeit bestand darin, dass er trotz seiner soliden Ausbildung in der Lage war, das Neue zu erkennen, das Frommermann schuf, und es auf eine solide Basis zu stellen. Wissen und die Einhaltung von als notwendig erachteten Standards können den Erkenntnisprozess behindern. Voraussetzung für die Entstehung von Neuem scheint in einem gewissen Maß das Zulassen von intuitiven, scheinbar naiven, chaotischen, querdenkerischen Ideen in offenen Räumen, die noch keiner Regel unterstellt wurden.

Der Querdenker bedarf in diesem Sinne eines unterstützenden Feldes. Wenn man Neues schaffen will, muss man allerdings die herrschenden Ordnung überschreiten und zunächst einen freien Raum (»Open Space«) schaffen. Wie auf diese Weise Neues entsteht, kann uns anschaulich das Beispiel der Jazzband zeigen.

Die heilsamen Kräfte der Unordnung

In seinem Aufsatz »Die Vorzüge der betrieblichen Unordnung« (1997) bahnt John Kao, Gründer einer »Ideas Factory«, einen faszinierenden Perspektivwechsel an, wobei ihm die Jazzband als Leitbild dient: Voraussetzung für die Freisetzung von Kreativität scheint ein gewisses Maß an Unordnung und die Fähigkeit zur Improvisation in offenen Räumen zu sein.

Wie ich an anderer Stelle ausgeführt habe (Burow 1998), illustriert die Jazzbandmetapher ausgezeichnet die Führungsanforderungen, die wir berücksichtigen müssen, wenn wir Kreativität freisetzen wollen.

> **Die Jazzbandmetapher**
>
> In einer Jazzband spielen unterschiedliche Personen miteinander, die alle ihr Instrument beherrschen und über ein gemeinsam vereinbartes Thema ohne Führung von oben improvisieren. Wenn es ihnen gelingt, gut aufeinander zu hören, sich synergetisch zu ergänzen, dann kann etwas Neues entstehen, das so faszinierend ist, dass es auch die Zuhörer ergreift. Diese lösen sich aus ihrer passiven Rolle, klatschen den Rhythmus, feuern die Musiker durch Zurufe an. Musiker und Zuhörer verbinden sich zu einem Kreativen Feld, das bei allen Beteiligten eine signifikante Energiekonzentration bewirkt. Das Erlebnis gemeinsamen Mitschwingens löst oft eine machtvolle Resonanz aus, die dazu führt, dass Musiker und Zuhörer beflügelt werden und mit neuen Ideen und einem erhöhten Energiezustand aus der Begegnung herausgehen.

Wenn wir demgegenüber etwa die Mehrzahl der durch vorgeplante Tagesordnungen und sterile Abläufe geprägten Sitzungen in unseren Institutionen betrachten, dann können wir über das musikalische Synergiephänomen nur neidvoll staunen. Es stellt sich die Frage: Wie können wir das Jazzbandmodell auf unseren Arbeitsalltag übertragen und zur Freisetzung ungenutzter kreativer Potenziale nutzen? Wie können wir lernen, gemeinsam zu improvisieren?

Zwei Arten zu musizieren

Kaos Unterscheidung zweier grundverschiedener Arten des Musizierens kann uns erste Hinweise geben.

- Die erste Art besteht aus dem Nachspielen einer vorgegebenen Partitur, anhand derer wir entscheiden können, ob »richtig« oder »falsch« gespielt wurde. Das Talent von Partiturenspielern besteht vor allem in der Fähigkeit, vorgegebene Notentexte fehlerfrei nachzuvollziehen.
- Die zweite Art finden wir im Jamming aus dem Jazz, bei dem aufgrund einiger stillschweigender Übereinkünfte über ein gemeinsames Thema improvisiert wird. Das Talent von Jazzmusikern besteht darin, dass sie aus der Begegnung heraus spontan neue Notenkombinationen entwickeln, die überraschend sind und gut klingen.

Kao meint nun, dass die Fähigkeit zur Improvisation eine der wichtigsten Fähigkeiten sei, die sich Unternehmen und Institutionen angesichts des beschleunigten Wandels in Zukunft aneignen müssen. Worin besteht der Kern des Jammens?

Wie wir uns erinnern, hat Kao Jammen als »einen Balanceakt zwischen Form und Freiheit, Disziplin und Kunst« beschrieben (1997, S. 325).

Da wir uns in einer Gesellschaft beschleunigten Wandels befinden, die zudem in vielen Bereichen überreglementiert ist, benötigen wir Freiräume, in denen wir die Kunst des Improvisierens erlernen und Neues generieren können. So wie in der Wissenschaft eine zu starke Orientierung an den eigenen Standards und an dem für vernünftig gehaltenen Wissen zum Aufbau blinder Flecken beitragen kann, so kann zu starke Reglementierung in unseren Organisationen uns lähmen und daran hindern, neue, originelle Wege einzuschlagen.

»Die Nützlichkeit von Notenblättern steht nicht zur Debatte, aber zugleich ist offensichtlich, dass diese Nützlichkeit in einer Welt, in der man schnell, clever, extrem anpassungsfähig und vor allem äußerst kreativ sein muss, um im Wettbewerb zu bestehen, ihre Grenzen hat« (ebd. S. 325).

Worin bestehen nun die Voraussetzungen für das kreative Improvisieren? John Kao nennt drei Aspekte, die uns zugleich wichtige Hinweise dafür liefern, was wir tun müssen, wenn wir unser ungenutztes kreatives Potenzial erschließen wollen: »In der Wirtschaft wie in der Musik sind für die Improvisation drei Dinge von zentraler Bedeutung: eine Revision (Clearing) des Bewusstseins, eine Revision des Ortes und eine Revision der Überzeugungen« (ebd. S. 325).

Revision des Bewusstseins

Jazzmusiker betreten die Bühne nicht, um Noten nachzuspielen, sondern in der Absicht, Neues zu produzieren, sich auf ein unbekanntes Terrain zu wagen. In den meisten Organisationen dagegen bewegt man sich allzuoft auf bekanntem Terrain, in bekannten Routinen, Denkmodellen, Ablaufstrukturen und Ritualen.

Revision des Bewusstseins bedeutet also, die Herausforderung anzunehmen, das bekannte Terrain zu verlassen und mit neuen Formen und Inhalten zu experimentieren.

Es geht auch darum, sich die eigenen Konstruktionsmuster von Wirklichkeit bewusst zu machen, blinde Flecken zu entdecken und neue Räume zu öffnen. Der MIT-Führungsexperte und Organisationsentwickler Claus Otto Scharmer (2009) spricht vom »Open Mind«. Erfolgreiche Führungskräfte und kreative Schöpfer zeichnet demnach die Fähigkeit zu bewertungsfreier Offenheit aus. Zentral ist der Modus des »Presencing«, die Fähigkeit die auftauchende Zukunft zu erspüren. Nur durch offenes, dialogisches Zuhören, Einfühlen, Hinspüren und intuitives Reagieren können Jazzmusiker in der Improvisation Resonanz erfahren und damit nicht nur Neues schaffen, sondern auch Team-Flow und sogar Glück erfahren.

Damit eine Revision des Bewusstseins möglich wird, brauchen sowohl Musikgruppen als auch Institutionen Querdenker, Grenzüberschreiter, Musterbrecher und andere, die sich trauen, Gewohntes infrage zu stellen, und die in der Lage sind, scheinbar Unzusammenhängendes neu zu kombinieren. Harry Frommermann war eine solche Person. Hätte er sich in jungen Jahren um die Aufnahme an einer traditionellen Musikakademie beworben, so hätte er keine Chance gehabt, seine einzigartigen Ideen in die Realität umzusetzen. Ähnliches geschieht in Firmen und Institutionen: In der Regel sortieren wir unangepasste, originelle Querdenker aus. Wenn wir an der Schaffung von Neuem interessiert sind, dann müssen wir lernen, diejenigen Mitarbeiter zu identifizieren, die über die Fähigkeit verfügen, als »Kristallisationskerne im Feld«, als originelle »Verdichter« eine Revision des Bewusstseins anzustoßen.

Revision des Ortes

John Kao erwähnt das Beispiel Charlie Parkers, der mit der Redewendung »I'm going to the woodsheet« auf seinen Holzschuppen hinwies, in den er ging, wenn er versuchte, neue Jazzstücke zu entwickeln. Der »Holzschuppen« steht für einen geschützten Ort, an dem man es wagen kann, Neuland zu erkunden. Ganz im Sinne meiner Theorie Kreativer Felder weist Kao mit folgenden Fragen auf die Bedeutung des Umfelds für das Entstehen schöpferischer Prozesse hin.

- Wie revidiert man den Ort?
- Wo steht der »Holzschuppen« in Ihrem Unternehmen?
- Wo gibt es in Ihrer Organisation einen Ort, der es Ihren Mitarbeitern erlaubt, auf andere Gedanken zu kommen?
- Welche Umgebung signalisiert, dass hier »die Post abgeht« und sich wichtige neue Dinge tun?
- Wo ist diese Umgebung?
- Wo ist die Umgebung, die es Ihnen ermöglicht, einen großen Sprung nach vorn zu tun und Neues zu produzieren?

Cummings und Oldham (1998) haben in einer Studie nachgewiesen, dass es wesentlich von einer geeigneten Arbeitsplatzumgebung abhängt, ob kreative Persönlichkeiten ihr Potenzial entfalten können. Bei einer Revision des Ortes sind demnach vor allem folgende Faktoren von Bedeutung:

- Komplexität der Tätigkeit
- nicht-autoritativer Führungsstil
- unterstützende Vorgesetzte
- anregende Arbeitskollegen
- kreative Konkurrenz (motivierende Herausforderungen)

Besonders die ersten beiden Aspekte werden oft unterschätzt. Mitarbeiter mit einer kreativen Persönlichkeit leisteten nur dann einfallsreichere Arbeit als Personen mit einem niedrigeren Kreativitätstestwert, wenn sie komplexe Aufgaben zu bewältigen hatten und von nicht-autoritativen Vorgesetzten unterstützt wurden.

In einer zweiten Studie untersuchten Cummings und Oldham die Rolle des Faktors Stimulation durch Kollegen und Wettbewerb untereinander: »Diese zweite Studie bestätigte das Ergebnis der ersten: Verschiedene Typen von Mitarbeitern reagierten auf ihre Arbeitsumgebung recht unterschiedlich. Wie Studie 2 zeigt, waren Mitarbeiter mit einer generell kreativen Persönlichkeit und einem innovativen Problemlösungsstil zu starker Konkurrenz unter Kollegen positiv eingestellt. Mitarbeiter mit einer wenig kreativen Persönlichkeit dagegen nicht. In dieser letzten Gruppe hatte die Stärke der Konkurrenz unter Kollegen nur geringe Auswirkungen auf die Zahl der kreativen Vorschläge. In der anderen Gruppe führte hoher Wettbewerbsdruck zu einer Fülle an kreativen Vorschlägen, während bei geringerer Konkurrenz unter Kollegen die Kreativen auffällig wenig fruchtbringende Vorschläge einbrachten« (1998 S. 40).

Eine wichtige Aufgabe besteht also darin, ein anregendes Umfeld zu schaffen, um das in der Gruppe vorhandene kreative Problemlösungspotenzial freizusetzen. Wenn es darüber hinaus gelingt, die Gruppenmitglieder in kreativer Konkurrenz gegenseitig zu stimulieren, dann wird etwas ganz Neues entstehen.

In diesem Sinne war die sicher auch belastende Konkurrenz zwischen Harry Frommermann, Robert Biberti und Erwin Bootz durchaus ein wichtiges Element, das zum Erfolg der Comedian Harmonists beitrug. Ein Kreatives Feld zeichnet sich nicht nur durch synergetische Harmonie aus, sondern auch durch ein gewisses Maß an konkurrenzorientierter Spannung.

Revision der Überzeugungen

Negative Glaubenssysteme, die uns hemmen, sollen überwunden, positive Visionen und identitätsstiftende Symbole entwickelt und ein persönlich überzeugendes Bedeutungssystem geschaffen werden. Es soll eine Organisationskultur ermöglicht werden, die zum Querdenken, zum Begehen neuer Felder, die zur Kreativität auffordert und einlädt.

Aber es ist sehr schwierig, über Absichtserklärungen hinaus ein Umfeld und eine Kultur zu verwirklichen, in der sich Kreativität auf möglichst vielfältigen Ebenen ausbreiten kann. In diesem Sinne fragt Kao:

○ Dank welcher spezifischen Maßnahmen trägt Ihre Unternehmenskultur zur Steigerung des Bemühens um Kreativität bei?
○ Wie wirkt sich diese Unternehmenskultur auf das Gesamtsystem, die Strukturen, Gratifikationen und Stellenbeschreibungen aus?
○ Wie machen Sie Kreativität zu etwas Greifbarem und Handlungsrelevantem, sodass die Mitarbeiter selbst den Wert der Kreativität begreifen?

Die Notwendigkeit eines Freiraums, der eine Revision der Überzeugungen überhaupt erst ermöglicht, erklärt vielleicht, warum Einzigartiges so oft in Randzonen oder außerhalb unserer etablierten Organisationen entsteht. Wenn wir das Entstehen von Einzigartigem fördern wollen, dann müssen wir solche Randzonen und Freiräume einrichten.

Kreatives Zusammenspiel: Von Fußballern lernen

Nicht nur Jazzbands beherrschen die Kunst des Zusammenspiels und des Aufbaus von Kreativen Feldern. Auch Fußballer sind Meister dieser Disziplin. Wie wir gesehen haben, zeichnet es exzellente Jazzbands aus, dass es ihnen gelingt, so über ein Thema zu improvisieren, dass jeder seine spezifischen Fähigkeiten einbringen kann, mit dem Ergebnis, dass eine neue, einzigartige Kombination von Tönen und Rhythmen entsteht, die nicht nur die Mitglieder

der Band, sondern auch die Zuhörer so sehr ergreift, dass ein resonantes Feld entsteht, in dem die Beteiligten Team-Flow erleben. Genau dies gelingt erfolgreichen Fußballmannschaften. Die Frage ist: Wie gelingt ihnen das? Gibt es Erfolgsregeln, deren Beachtung auch für unsere Fragestellung, der Förderung von Teamkreativität oder sogar Team-Flow, von Bedeutung ist?

Eine Erfolgsstrategie zum Erreichen des optimalen Team-Flows haben Netzwerkforscher herausgefunden: Sie stellten sich die Frage, warum die Spanier bei der Europameisterschaft 2008 gewonnen hatten. Was unterschied ihre Spielstrategie von denen anderer Mannschaften. Wenn Sie nachfolgendes Diagramm betrachten, erhalten Sie die Antwort. Was zeigt es?

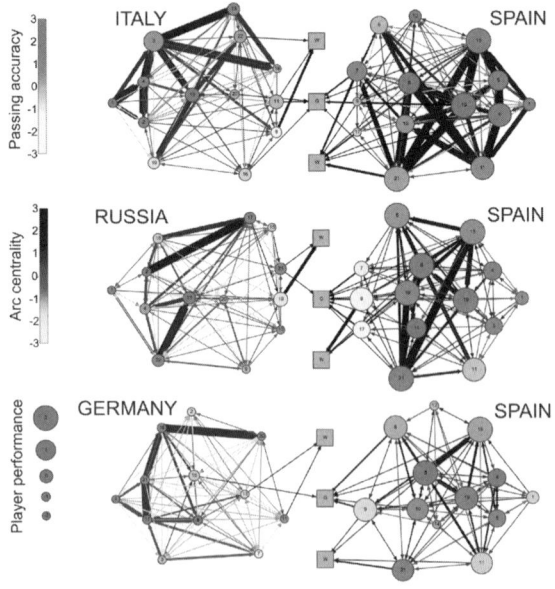

Die Forscher haben das Abspielverhalten der Mannschaften verglichen. Die Stärke der Balken und der Knotenpunkte zeigen, wie häufig ein Teammitglied angespielt wurde. Wenn Sie nun die deutsche Mannschaft aus dem Jahr 2008 betrachten, dann erkennen Sie, dass vor allem sechs Spieler miteinander spielen, während die anderen kaum einbezogen werden. Ganz anders beim spanischen Team, in dem ein ausgewogenes Abspielverhalten herrscht. Die Schlussfolgerung der Forscher lautet: »Die Gesamtleistung eines Teams ist umso besser, je mehr Verknüpfungen sie zwischen den Knotenpunkten herstellt!« Die Einbeziehung aller Beteiligten und die Förderung des kreativen Zusammenspiels ist der Schlüssel: Auf die Synergie kommt es an!

Übrigens: Ich benutzte diese Folie ebenfalls im Juni 2012, am Vorabend der Europameisterschaft, und behauptete kühn, ich wüsste, wer gewinnt. Während ich dies aussprach, befürchtete ich schon eine Blamage und dass ich meine Folie nicht mehr verwenden könnte. Doch bekanntlich kam es anders – und das verblüffte die Manager: Die Spanier wiederholten ihren Sieg 2012. Doch das ist nicht alles: Zum kreativen Zusammenspiel muss aber noch etwas hinzukommen, damit der optimale Team-Flow entsteht.

Ballbesitz, sagte Vicente de Bosco, der Trainer der Spanier, ist sehr wichtig und natürlich müssen die Spieler über herausragende technische Fähigkeiten verfügen. Ebenso entscheidend seien gute persönliche Beziehungen aller Beteiligten. Und dann gäbe es noch eine Taste, die es zu betätigen gelte und auf der stehe »positive Emotionen«.

Auch zwei Jahre später – bei der Weltmeisterschaft in Brasilien, als die Deutschen sich von der Philosophie der Einzelstars verabschiedet hatten, zeigte sich, dass es weniger auf einen Messie, sondern stärker auf das Zusammenspiel ankam. Und so ist es kein Zufall, dass das deutsche Wort »Mannschaft« als semantische Verdichtung von positiver Beziehung beziehungsweise verschworener Gemeinschaft, Zusammenspiel und Handwerk eine internationale Konjunktur erfährt. Wenn jeder seine Fähigkeiten einbringen kann, alle sich mit ihren unterschiedlichen Fähigkeiten wertschätzen, sich einem gemeinsamen Ziel und einer gemeinsamen Strategie unterordnen und gemeinsam »jammen«, »improvisieren«, sich die Bälle zuspielen, dann entsteht ein synergetisches Kreatives Feld, in dem der Team-Flow alle zu gemeinsamen Spitzenleistungen beflügelt. Wenn dies so ist, sollten wir aus dieser Einsicht nicht Konsequenzen für die Gestaltung unserer Arbeitsplätze in Firmen, Bildungseinrichtungen und sonstigen Organisationen ziehen – sind diese doch noch immer zu sehr an der isolierten Einzelleistung orientiert? Das Ermöglichen von Team-Flow wird in der globalisierten, digitalisierten, vernetzten Weltgesellschaft zur zentralen Führungsaufgabe, da es nicht nur Spitzenleistungen ermöglicht, sondern bisweilen auch zur Erfahrung von Wohlbefinden und Glück beiträgt.

Methoden zur Schaffung Kreativer Felder

Das, was in der Jazzband und im Fußball funktioniert, gilt auch für viele andere Bereiche: Nur wenn wir überzogenes Spezialistentum etwa in den fragmentierten Einzelwissenschaften überwinden und Diskursgemeinschaften bilden, eröffnen sich ungewöhnliche Perspektiven, die die Entdeckung von Neuem und die Lösung für unlösbar gehaltene Probleme ermöglichen. Dieser Gedanke ist alt: Schon in den 1960er-Jahren schwebte Jonathan Salk, dem Nobelpreisträger und Entwickler des Polio-Impfstoffes, die Gründung eines Instituts vor, an dem Fachleute aus unterschiedlichsten Fachgebieten einen interdisziplinären Diskurs führen sollten. Er war seiner Zeit voraus, denn er stieß auf wenig Verständnis für sein Vorhaben. In einigen Forschungsbereichen, wie etwa der Hirnforschung, scheint man inzwischen die Zeichen der Zeit erkannt zu haben. Wie Ernst Pöppel ausführt, erwarte man hier aufgrund der ungeheuren Komplexität des Gegenstandes Fortschritte vor allem auch durch syntopische Kongresse, die dazu dienen sollen, die engen Denkgrenzen der Teilkulturen unserer Gesellschaft zu überschreiten. Nur durch das Zusammenwirken von Natur- und Geisteswissenschaftlern sowie Künstlern ließen sich komplexe Probleme lösen. Syntopie ist die gemeinsame psychische Verortung von denkenden Menschen: »Die Verwirklichung dieses Prinzips sind syntopische Kongresse, auf denen Menschen aus verschiedenen Geografien an einem Ort zusammengebracht werden, um ein gemeinsames Wirkfeld zu erkunden« (Maar/Pöppel/Christaller 1997, S. 22).

Nebenbei bemerkt: Pöppels Begriff der Syntopie hat mich dazu angeregt, ein literarisches Kreatives Feld zu bilden: Zusammen mit dem Schriftsteller Jens Johler habe ich den Wissenschaftsthriller »Gottes Gehirn« einen syntopischen Roman verfasst. Es handelt sich um die Geschichte eines Nobelpreisträgers, der auf ungewöhnliche Weise versucht, die Fragmentierung der Wissenschaft zu überwinden und ein vereinigtes Kreatives Feld zu schaffen, um eine höhere Form kollektiver Intelligenz zu erreichen. Wir praktizierten hier erfolgreich die Einsichten der Theorie des Kreativen Feldes, indem es uns gelang, unsere unterschiedlichen Begabungen kreativ zu vereinen und über ein gemeinsam entwickeltes Thema zu improvisieren.

Beim Verwirklichen solch ungewohnter Begegnungsformen geht es dem Jazzbandmodell entsprechend um ein erfolgreiches Kreativitätsmanagement als Balanceakt zwischen den Polen Form und Chaos. Diese Pole verkörpern im Kreativen Feld unterschiedliche Personen mit ihren spezifischen Fähigkeiten. Insofern können eine Band, eine Institution nur in dem Maß Einzigartiges entstehen lassen, wie sie auch Vielfalt und kreative Spannung zulassen. Kreativität entsteht aus der Fähigkeit zur Synergiebalance im Feld, die von einer oder mehreren Personen angestoßen wird, die Kristallisationskerne im Feld bilden. Erfolg versprechende Führungsmodelle zeichnet es aus, dass sie einen offenen Rahmen gestalten, der die Wahrscheinlichkeit erhöht, ungenutzte kreative Potenziale freizusetzen. Wie kann nun eine Revision des Bewusstseins, eine Revision des Ortes und eine Revision der Überzeugung erreicht werden?

Die Antwort erscheint einfach: indem man ein Kreatives Feld schafft. Mit meiner Idee des Kreativen Feldes stelle ich mich bewusst gegen den Mythos des isolierten Einzelgenies.

Kreativität in der Wissensgesellschaft entsteht nicht im stillen Kämmerlein des einsam vor sich hindenkenden Genies, sondern aus der Improvisation innerhalb einer Gruppe – die durchaus aus »normal begabten« Individuen bestehen kann.

Insofern ist unser Bildungssystem, das immer noch auf das Abprüfen von Einzelleistungen separierter Individuen setzt, völlig falsch aufgestellt und folgt, wie Ken Robinson gezeigt hat, der überholten Logik fabrikmäßig organisierter industrieller Massenproduktion des letzten Jahrhunderts. Im digitalen Zeitalter gelten andere Regeln: Was einer kann, hängt – wie ich zeigen werde – nämlich nicht von seiner isoliert abzuprüfenden individuellen Leistung ab, sondern von einer herausfordernden Umgebung passender Synergiepartner, die vernetzt sind und in Freiheit ihre unterschiedlichen Fähigkeiten nutzen, um ein selbstgewähltes Ziel zu erreichen.

Kreative Felder einrichten

Die Einrichtung Kreativer Felder erfordert deshalb ein Minimum an Maßnahmen, die einen Freiraum zum gemeinsamen Improvisieren schaffen:

- ein anregender, offener Ort
- eine möglichst geringe Anzahl von hilfreichen Verhaltensregeln
- die Einigung auf ein faszinierendes gemeinsam geteiltes Thema, über das improvisiert werden soll
- eine vielfältig zusammengesetzte Diskursgruppe
- ein offener Zeitrahmen
- eine vorurteilsfreie, offene, nicht bewertende, dialogische Denk- und Kommunikationskultur

- die Lust am Improvisieren
- eine Struktur, die Selbstorganisation und Begegnung ermöglicht

Der Schlüssel zum Team- oder Group-Flow

Nicht nur Jazzbands oder Fußballteams benötigen die Fähigkeit zur Improvisation und zum kreativen Zusammenspiel, sondern auch Lehrende in Bildungseinrichtungen oder Mitarbeiter von Projektteams. Der amerikanische Erziehungswissenschaftler Keith Sawyer, selbst Mitglied eines Impro-Theaters, hat in seiner Untersuchung »Group Genius« (2007) anhand zahlreicher Beispiele aus unterschiedlichsten Bereichen erforscht, was Gruppen brauchen, um optimal zusammenzuarbeiten und ihr verborgenes kreatives Potenzial synergetisch freizusetzen.

Die sieben Schlüssel zum Freisetzen des kreativen Potenzials

Erstens: Innovationen entwickeln sich Schritt für Schritt
Der kreative Durchbruch entsteht durch eine Kette oft unscheinbarer Beiträge der Einzelnen, deren Bedeutung man erst im Nachhinein erkennt.

Zweitens: Erfolgreiche kollaborative Teams praktizieren »tiefes Zuhören«
Trainierte Spieler im Impro-Theater hören auf die Ideen der anderen, während sie ihre eigenen entwickeln. Nur, wenn diese Balance gelingt, entsteht der Team-Flow.

Drittens: Die Teammitglieder greifen die Beiträge der anderen auf
Das Ergebnis kann nicht Einzelnen zugeschrieben werden, sondern ist eine Gruppenleistung.

Viertens: Erst im Nachhinein wird die Bedeutung jeder einzelnen Idee deutlich

Da die einzelne Idee von den Teammitgliedern kreativ abgewandelt beziehungsweise integriert wird, zeigt das Ergebnis den Grad synergetischer Kollaboration.

Fünftens: Im Prozess tauchen überraschende Fragen auf

Die höchste transformative Kreativität entsteht, wenn Gruppen Probleme neu rahmen oder Probleme entdecken, die vorher niemand definiert hat. Ideen werden dann oft in Fragen oder Problemstellungen verpackt. Allerdings kann das problematisch sein, weil kreative Gruppen besser darin sind, neue Probleme zu finden, als die alten zu lösen.

Sechstens: Innovation durch Improvisation ist ineffizient

Kennzeichen der Innovation durch Improvisation ist, dass sie viele Fehler produziert, weil die Spieler keine Möglichkeit haben, die Innovationen zu evaluieren. Aber die Treffer können phänomenal sein und gleichen damit die Ineffizienz und Fehlerhaftigkeit aus.

Siebtens: Innovationen entwickeln sich »bottom up«

Kreativität durch Innovation beruht – wie wir es bei der Jazzband gesehen haben – auf Selbstorganisation ohne Direktor und Skript. Kreative Teams brauchen keinen starken Führer, denn ihre Kreativität beruht auf der Fähigkeit zu spontaner Selbstorganisation. Improvisierte Kollaboration transferiert Momente individueller Kreativität in Gruppeninnovation. Die notwendigen Freiräume zuzulassen fällt vielen Vorgesetzten schwer, sind doch die Ergebnisse weder vorhersagbar noch kontrollierbar.

Bedingungen für Team- beziehungsweise Group-Flow

Sawyers Untersuchung aus dem Jahr 2007 bestätigt die grundlegenden Einsichten meiner Theorie des Kreativen Feldes, die ich erstmals 1999 publizierte. Allerdings bieten seine Bedingungen für Group-Flow weitere ergänzende Einsichten.

Zunächst einmal zeigen Studien einen engen Zusammenhang zwischen dem Erleben von Flow und dem Auftreten von Kreativität. Flow entsteht immer dann, wenn ich mich einer selbstgewählten Aufgabe stelle, deren Anforderungsgehalt leicht über meinen Fähigkeiten liegt, mich aber nicht überfordert. Wenn dies der Fall ist, gehe ich selbstvergessen ganz im Gegenstand auf und kann mich mit meiner vollen Kraft der Bewältigung der Aufgabe widmen, wobei ich Selbstwirksamkeit und Lern- beziehungsweise Gestaltungslust erfahre. Bezogen auf die Entfaltung individueller und gemeinsamer Kreativität sind die folgenden Aspekte wichtig:

Ein attraktives Gruppenziel Jazz- und Improgruppen haben eine intrinsische Zielstellung: Die gelungene Performance selbst ist das Ziel. Sawyer zufolge handelt es sich um »problem-finding-creativity«, denn die Spieler müssen das Problem zugleich finden, definieren und lösen. Obwohl dies auf den ersten Blick wenig mit den Anforderungen in Unternehmen zu tun haben mag, zeigt die nähere Betrachtung doch, dass die meisten radikalen Innovationen entstehen, wenn das Ziel und die Frage nicht von vornherein bekannt sind.

Offene Aufgabenstellung und kreative Konkurrenz BMW zum Beispiel gibt der Entwicklung neuer Produkte oft nur eine grob umrissene Fragestellung vor, um zu frühe Festlegungen zu verhindern. Ein berühmtes Beispiel für den Erfolg offener Vorgehensweisen ist die Erfindung der Post-it-Zettel durch einen 3-M-Mitarbeiter, der in seiner Freizeit als Mitglied des Kirchenchors nach einem Mittel suchte, einzelne Songs im Liederbuch einfach auffindbar zu machen. Zudem ist die kreative Konkurrenz nötig, um eine Vielzahl von Treffern zu erreichen.

Intensives Zuhören Hier geht es darum, aus dem Muster des »Downloadings« auszusteigen und im Sinne Scharmers einen »Open Mind« zu entwickeln. Nur wenn jeder sich mit seiner ganzen Person und all seinen Sinnen engagiert, kann Gruppen- beziehungsweise Team-Flow entstehen. Sawyer vergleicht diese intensive Form des Zuhörens mit dem Ritt auf einer Welle.

Totale Konzentration Team-Flow entsteht nur, wenn man in voller Konzentration in der Lage ist, seine Aufmerksamkeit zu teilen, das heißt im Kontakt mit sich und den Teammitgliedern ist.

Kontrolle Team-Flow entsteht dann, wenn wir als Individuen und als Gruppe die Kontrolle über unsere Handlungen und unsere Umgebung haben.

Abschied vom Ego Jazzmusiker und neuerdings auch Fußballspieler müssen in der Lage sein, ihre Egos zu kontrollieren. Ausgezeichnete Instrumentalisten, die dies nicht können, sind ungeeignet. Ihnen mangelt es an der Fähigkeit, sich in den Gruppengeist einzufügen, ihre Beiträge mit denen der anderen auszubalancieren. Man wird Teil der Gruppe, die Grenzen verschwimmen in der ungeteilten Aufmerksamkeit und dem sensiblen Interagieren. Wie wir anhand der Netzwerkgrafik gesehen haben, gilt das auch für Fußballspieler: Teamplayer führen zum Erfolg!

Gleichberechtigte Teilhabe Team-Flow wird blockiert, wenn jemandes Fähigkeiten unter denen der anderen liegen. Alle müssen über einander ergänzende Fähigkeiten verfügen. Blockierend wirken Arroganz und Dominanz einzelner Personen, die glauben von den anderen nichts mehr lernen zu können.

Führungskräfte können nur am Gruppenflow partizipieren, wenn sie als gleichberechtigte Mitglieder teilnehmen und alle Teilnehmer gleichermaßen wertschätzen.

Vertrautheit: Familiarity Forschungen haben ergeben, dass die Vertrautheit der Gruppenmitglieder sowohl die Leistung als auch die Entscheidungskompetenz erhöht.

Wichtig sind gemeinsame Sprache und geteiltes Verständnis. Tacit Knowledge, gemeinsame Regeln, Prinzipien, geteiltes Verständnis der Gruppenziele, ein gemeinsamer Kommunikationsstil und Konventionen erleichtern Team- beziehungsweise Gruppen-Flow.

Kreativgruppen haben eine begrenzte Lebensspanne Eine zu große Vertrautheit kann den Team- beziehungsweise Gruppen-Flow und die Kreativität zerstören. Wenn sich die Mitglieder zu ähnlich werden, kann nach zwei oder drei Jahren die Effektivität der Gruppe darunter leiden: Man hört einander nicht mehr richtig zu, alles ist bekannt, es gibt kaum noch Überraschungen. An diesem Punkt brechen die Gruppen meist auseinander. Organisationen sollten daher Mechanismen vorsehen, um die Lebensspanne von Gruppen zu steuern.

Konstante Kommunikation Team-Flow ist auf einen Prozess konstanter Kommunikation angewiesen, etwa regelmäßige Feedbacksitzungen, vielfältige ungeplante Gesprächsanlässe, aber auch eine kommunikationsförderliche Architektur etwa in Form inspirierender Konferenzräume.

Beharrlichkeit: kontinuierliches Vorantreiben Wichtig ist es, eine Struktur zu schaffen, die dafür sorgt, dass kontinuierlich am Gruppenziel beziehungsweise der Aufgabe gearbeitet wird. Es geht um genaues Zuhören, es voll akzeptieren, es erweitern und ausbauen ...

Fehlschläge nutzen In unserem Eingangsbeispiel haben wir gesehen, wie die Comedian Harmonists die verheerende Niederlage ihres ersten Vorspielens zum Anlass nahmen, um an ihrer Optimierung zu arbeiten. Selbst die beste Jazzgruppe kann nie sicher sein, wie gut ihre Performance sein wird. Improvisationen bergen immer Risiken für Fehlschläge.

Gleichzeitig ist Risikobereitschaft aber eine entscheidende Voraussetzung für das Entstehen magischer Momente und kreativer Durchbrüche. Es gibt keine Kreativität ohne Fehlschläge und keinen Gruppen- beziehungsweise Team-Flow ohne das Risiko des Misslingens.

Die fünf Cs des Team-Flows

Der Begründer der Flow-Forschung, Mihály Csíkszentmihályi, mit dem ich mich in mehreren persönlichen Begegnungen austauschen konnte, hat seine Theorie, die zunächst auf den Flow von Einzelpersonen fokussiert war, um die Gruppen- beziehungsweise Teamperspektive erweitert: Wenn ein Team im Flow ist, dann zeichnet es sich nach seinen Untersuchungen durch eine innovative, harmonische und produktive Atmosphäre aus. Ein Teil des Teams zu sein, steigert die Fähigkeit zur kreativen Kollaboration bei jedem Mitglied. Die Kommunikation ist anregend, vielversprechend und klar. Konflikte werden als Chancen gesehen, nicht als persönlichen Angriff. Raum und Zeit bilden keine unüberwindbaren Barrieren. Alles und alle sind in der richtigen Balance und sorgen für den Fluss der kreativen Ideen. Damit diese ideale Situation des Team-Flows entsteht, sollte man nach Csíkszentmihályi fünf Cs beachten:

Die fünf Cs des Team-Flows nach Csíkszentmihályi

1. **Clarity:** Jeder weiß, was von ihm erwartet wird.
2. **Centering:** Jeder spürt, dass die anderen Teammitglieder an der gemeinsamen Tätigkeit und den Beiträgen der Einzelnen interessiert sind.
3. **Choice:** Jeder weiß, dass der Raum offen ist und es viele Möglichkeiten gibt.
4. **Commitment:** Jeder hat ein unbedingtes Vertrauen in das Team.
5. **Challenge:** Es ist eine komplexe Herausforderung, die jeden zwingt, sein Bestes zu geben.

Die Wahl der Cs scheint ein wenig konstruiert – doch der Prüfstein ist mein Eingangsbeispiel: Bei den Comedian Harmonists wusste jeder, was von ihm erwartet wurde (clarity); sie waren in hohem Maß aneinander interessiert und ihre unterschiedlichen Persönlichkeiten und Fähigkeiten harmonierten (centering); sie nutzten die Herausforderung, um sie mit ihren Möglichkeiten innovativ zu gestalten (choice); sie hatten ein unbedingtes Vertrauen ins Team (commitment) und sie stellten sich erfolgreich einer komplexen Herausforderung (challenge).

Csíkszentmihályi trifft also wesentliche Punkte, doch wie wir sehen werden, geht es noch um mehr.

Ausblick »Jammen« in Kreativen Feldern

Musizieren nach Noten wird weiterhin wichtig sein; auch die Entwicklung komplexer Führungspartituren bleibt notwendig. Wenn es aber darum gehen soll, kreative Potenziale freizusetzen, völlig neue Perspektiven zu entwickeln, Teamgeist und Eigeninitiative zu fördern, dann müssen wir darüber nachdenken, wie wir die einseitig konkurrenzorientierte Exzellenzorientierung und den überzogenen Geniekult überwinden können, indem wir Kreative Felder schaffen, die zum gemeinsamen »Jammen«, zum »Zusammenspiel«, zur »Resonanz« einladen und damit erst den Team-Flow möglich machen. Spezialisten können so ihre spezifischen Fähigkeiten, ihren speziellen Ton, ihre besondere Phrasierung in das gemeinsame Konzert der nach Lösungen suchenden Instrumentenspieler der Wissensgesellschaft einbringen. Wir dürfen gespannt sein auf die einzigartigen Stücke, die auf diese Weise hervorgebracht werden. Auf jeden Fall wird die Wissensmusik der Zukunft vielfältiger und überraschender sein als alles, was wir uns bisher vorstellen können.

Kreativität gibt es nur im Plural

»Kreativität ist das Ermöglichen neuer Wirkungseinheiten.
Kreativität ist ein kollektives Phänomen.«

Gerd Binnig

»We don't need another hero!«

Tina Turner

Die Kosten der Individualisierung

Wenn meine These zutrifft, dass wir vor dem Abschied vom mythisch überfrachteten Schöpfergenie stehen und eine Vervielfältigung schöpferischer Gemeinschaften etwa nach dem Jazzbandmodell erleben werden, dann fragt man sich, was vom einsamen Genie eigentlich übrigbleibt. Ist meine These im Zeitalter der fortschreitenden Individualisierung überhaupt haltbar? Sind die Comedian Harmonists nicht die seltene Ausnahme von der Regel? Löst sich Gemeinschaft nicht überall auf, und läuft der Trend nicht auf eine konkurrenzorientierte, individualisierende Ellenbogengesellschaft hinaus? Was berechtigt mich zu der Hoffnung auf kollektive Kreativität?

Seit Ulrich Becks (1986) vielzitierter Schrift »Risikogesellschaft« ist das Individualisierungstheorem in aller Munde. Was besagt es? Beck beschreibt den Doppelcharakter der Individualisierung folgendermaßen: »Individualisierung meint zum einen die Auflösung vorgegebener sozialer Lebensformen zum Beispiel das Brüchig-Werden von lebensweltlichen Kategorien wie Klasse und Stand, Geschlechterrollen, Familie, Nachbarschaft und so weiter; oder auch, wie im Fall der DDR und anderer Ostblockstaaten, den Zusammenbruch staatlich verordneter Normalbiografien, Orientierungsrahmen und Leitbilder. Wo immer solche Auflösungstendenzen sich zeigen, stellt sich zugleich die Frage: Welche neuen Lebensformen entstehen dort, wo die alten, qua Religion, Tradition oder Staat zugewiesenen, zerbrechen?

Die Antwort, auf die zweite Seite der Individualisierung verweisend, heißt schlicht: In der modernen Gesellschaft kommen auf den Einzelnen neue institutionelle Anforderungen, Kontrollen und Zwänge zu. Über Arbeitsmarkt, Wohlfahrtsstaat und Bürokratie wird er in Netze von Regelungen, Maßgaben, Anspruchsvoraussetzungen eingebunden. Vom Rentenrecht bis zum Versicherungsschutz, vom Erziehungsgeld bis zu den Steuertarifen: All dies sind institutionelle Vorgaben, mit dem besonderen Aufforderungscharakter, ein eigenes Leben zu führen« (1994, S. 11 ff.).

Individualisierung hat einen Doppelcharakter: Einerseits eröffnet sie uns durch die Freisetzung aus Traditionsverbänden und fixierten Normalbiografien die historisch einmalige Chance, unser Leben weitgehend selbst zu gestalten. Andererseits erhöht diese Freisetzung die Risiken und Entscheidungszwänge: Nichts ist mehr sicher, alles muss entschieden und verhandelt werden. Die Gestaltung des eigenen Lebenslaufs wird zu einem mit Risiken besetzten Hindernisrennen, bei dem wir nie wissen, ob wir die »richtigen« Entscheidungen treffen.

Mit dem Aufkommen neuer Wahlmöglichkeiten entstehen auch Entscheidungszwänge, die nicht selten den Einzelnen überfordern. Sie betreffen fast alle Bereiche der persönlichen und beruflichen Lebensführung. Nicht nur das Konsumangebot hat sich derartig vervielfältigt, dass ich etwa zwischen Dutzenden von Autotypen wählen kann; auch im Bereich des Zusammenlebens sind neben das tradierte Familienmodell bis zu 16 unterschiedliche Formen getreten. Die Fernsehkanäle, zwischen denen ich derzeit wählen kann, bilden auch erst den Beginn eines Medienzeitalters der scheinbaren Vielfalt. Manche Planer rechnen mit bis zu 500 Spartenkanälen. Auf YouTube sind schier unendliche Wahlmöglichkeiten längst selbstverständlich geworden. Filme, Vorträge, Texte fast alles wird zeit- und ortsunabhängig verfügbar. Längst kann jeder mit geringem Aufwand seinen eigenen Kanal einrichten und alles, was er der Welt mitteilen möchte, veröffentlichen. Dabei stehen wir, wie ich in »Digitale Dividende« (Burow 2014) beschrieben habe, erst am Beginn des digitalen Zeitalters mit seiner Vervielfältigung der Möglichkeiten für vernetztes kreatives Gestalten.

Wer sich einmal als moderner Flaneur auf einen virtuellen Spaziergang durchs Internet begeben hat, wird von der Vielfalt gebotener Informationen erschlagen sein und verzweifelt nach Orientierung suchen. Nach dem Moor'schen Gesetz verdoppelt sich zwar bislang ungehemmt die Verarbeitungskapazität von Computerchips alle 18 Monate, aber nach dem »Burow'schen Gesetz« verringert sich damit auch permanent die Möglichkeit, über meine freie Zeit zu verfügen. Im gerade erschienenen Zukunftsroman »The Circle« (Eggers 2014) kann man eindrucksvoll nachempfinden, was mit Menschen passiert, die sich dem »New Digital Age« ausliefern, wie es Google Chef Eric Schmidt (2013) gerade propagiert. Nicht nur, dass ich gezwungen werde, in immer kürzeren Zeitabschnitten immer neue Programme zu erlernen, um an Informationen zu gelangen und dabei permanent beobachtet und kontrolliert werde; darüber hinaus ist überhaupt nicht klar, was ich mit diesen Informationen anfangen kann und was andere aus ihnen machen. Denn Informationsfülle allein bedeutet noch nicht mehr Wissen und schon gar nicht Transparenz und Freiheit. So warnt der ehemalige Internet-Freak Jerome Lanier (2014) in »Wem gehört die Zukunft« vor dem Aufkommen eines »digitalen Feudalismus«: Wer den schnellsten Rechner beziehungsweise die effizientesten Serverfarmen hat, dem wächst aufgrund seines Informationsvorsprungs eine bislang unkontrollierbare Macht zu. In einem turbulenten gesellschaftlichen Umfeld, in dem nichts mehr sicher ist außer dem permanenten Wandel, wird der Einzelne schnell zu einem Spielball.

Während ich diesen Text an meinem PC schreibe, werde ich regelmäßig durch einen Signalton gestört, der mir anzeigt, dass im Hintergrund eine E-Mail angekommen ist. Soll ich sie lesen oder weiterarbeiten? Soll ich mich aus dem Trend zur Vernetzung ausklinken und auf Anrufbeantworter, E-Mail und Handy verzichten, um endlich wieder Zeit für das Wesentliche zu haben? Muss ich bei Facebook, Xing, LinkedIn und anderen präsent sein, um wahrgenommen zu werden? Oder verliere ich dadurch die freie Zeit für die Entfaltung meines Potenzials? Was ist das Wesentliche? Muss ich nicht gerade in einer Gesellschaft schnellen Wandels auf allen Kanälen dabei sein, um den Anschluss nicht zu verpassen? Müssen nicht gerade Kreative im Zentrum des Wandels stehen und alle technischen Möglichkeiten nutzen? Aber wie kann ich der absehbaren Überforderung entgehen? Wie kann ich die Kosten der Individualisierung minimieren? Fast grenzenlose Informationsfreiheit und die Vervielfältigung der Wahlmöglichkeiten laufen paradoxerweise auf eine Verschärfung der Selbstzwangsapparatur hinaus. Freiheit ist Zwang – wenn ich nicht Wege finde, die neuen Freiheiten so für mich nutzbar zu machen, dass ich von ihnen profitiere.

In dieser Situation des Überangebots an Wahlmöglichkeiten müssen wir immer mehr entscheiden, ohne dass die uns zur Verfügung stehende Zeit sich ausweitet. Ganz im Gegenteil wird der Entscheidungsdruck durch die unablässige Vervielfältigung der uns zur Verfügung stehenden Informationen und Angebote erhöht. Erschwerend tritt hinzu, dass viele Informationen widersprüchlich sind und eigene Prioritätensetzungen erfordern. Als informierter Konsument der Wissensgesellschaft muss ich mich beim Kauf eines Produkts nicht nur um den Nutzen, das Leistungsspektrum und Ähnliches kümmern, sondern mich belasten auch Informationen zur ökologischen und sozialen Bedeutung des Produkts von seiner Herstellung bis zu seiner Entsorgung. Die Auflösung staatlicher Monopole wie der Telekommunikation entlastet mich nicht nur, sondern zwingt mich nun auch noch, in Internet in Tabellen komplizierteste Tarife zu vergleichen. Freiheit kann Zwang bedeuten.

Jetzt schlägt die Stunde der Berater und Experten. Sie sind die Profiteure des Trends zur Individualisierung und Ausdifferenzierung. Wer von uns kann noch seine Steuererklärung ohne Steuerberater machen? Wer kann von sich behaupten, die technischen Geräte, die ihn umstellen, ohne Tipps durch kompetente Experten zu beherrschen? Das ist die Kehrseite der schönen neuen Freiheit: Von der Partnerwahl über die Kindererziehung bis zur Frage der Unternehmensführung werden fast alle Bereiche unseres privaten und beruflichen Lebens beratungsbedürftig. Waren wir früher abhängig von Sozial- und Traditionsverbänden, denen wir ohne unsere Entscheidung angehörten, so stehen wir freigesetzte Individuen des 21. Jahrhunderts in der Gefahr, zu permanent Beratungsbedürftigen zu werden, welche die Wahlfreiheiten, die sie wegen Überforderung nicht ausüben können, an eine neue Kaste der Berater und Orientierungsgeber, auch an das Internetorakel delegieren.

Dies ist auch die Stunde der großen Vereinfacher, die angesichts unübersichtlich werdender Lebensumstände mit einfachen Rezepten Orientierung versprechen. Die Ratgeberliteratur, mit zum Teil grotesken Rezepten, boomt und trifft auf eine dankbare Abnehmerschaft. Das ist verständlich: Angesichts des Entscheidungsdrucks, der auf den Einzelnen lastet, kapitulieren immer mehr Menschen und werden anfällig für simple Botschaften.

Die Kosten der Individualisierung werden sichtbar in der wachsenden Zahl von Personen, die heillos überfordert sind und Zuflucht in Therapien suchen.

Profiteure dieser »neuen Unübersichtlichkeit« (Habermas) sind aber auch die modernen Heldengestalten: einsame Helden, die mutig Schneisen in den Entscheidungsdschungel schlagen und unerschütterliche Gewissheit ausstrahlen. Von Politikern über Therapeuten bis hin zu Sektengründern reicht die Skala derer, die dem verunsicherten Individuum mit einfachen Heilsbotschaften Entlastung vom Entscheidungsdruck bieten. Viele Individuen scheinen auf die Überforderungssituation mit einem Trend zu noch stärkerer Individualisierung zu reagieren. So leben in Städten wie Berlin oder Frankfurt schon bis zu 60 Prozent der Einwohner in Einpersonenhaushalten. In den Medien bewundern wir die Personality-Shows der Egomanen; die ihre Individualität stilisieren und auf einen Selbstverwirklichungstrip gehen, der keinerlei Rücksicht auf soziale Verantwortlichkeiten mehr zu nehmen braucht. Das Ziel ist, groß herauszukommen, koste es, was es wolle. Fast scheint es so, als wäre dieser Zug zu egomanischer Individualisierung nicht aufzuhalten, und doch zeichnet sich ein Gegentrend ab: die Bildung kreativer Gemeinschaften.

Das Ende der Zwangsindividualisierung: Entstehung kreativer Gemeinschaften

Wir stehen also vor einem Paradox: Individualisierung ist sowohl Befreiung als auch Last. Von uns wird erwartet, dass wir fast alles selbst entscheiden, und wir werden in immer mehr Bereichen auf uns selbst zurückgeworfen, mit dem Effekt, dass immer mehr Menschen – obwohl sie virtuell unzählige »Freunde« haben – vereinsamen. Dieses Paradox verschärft sich durch den Effektivierungsdruck, unter dem die Wirtschaft steht: Einerseits wird in immer mehr Bereichen die Fähigkeit zu selbstständiger Teamarbeit gefordert, andererseits werden die Beschäftigten aufgrund zunehmender Rationalisierung und Digitalisierung in einen Wettbewerb um ihre Arbeitsplätze gezwungen, denn jede Tätigkeit, die algorithmisierbar ist, wird schon bald von »intelligenten« Robotern übernommen werden. Lanier meint sogar im New Digital Age verschwände die Mittelschicht, denn selbst Spezialisten wie Chirurgen könnten in absehbarer Zeit durch Operationsroboter ersetzt werden, die präziser arbeiten als fehlergefährdete Menschen. Vielleicht verschwindet nicht gleich die ganze Mittelschicht, doch ohne Zweifel setzt der Wettkampf Maschine gegen Mensch uns alle immer mehr unter Druck. Hierdurch verschärft sich die Konkurrenz unter Arbeitsplatzbesitzern und es entsteht das Bedürfnis, sich abzugrenzen, seine eigenen Einfälle zurückzuhalten, um sich selbst besser vermarkten zu können: »Individualisierung, so gesehen, ist eine gesellschaftliche Dynamik, die nicht auf einer freien Entscheidung der Individuen beruht. Um es mit Jean-Paul Sartre zu sagen: Die Menschen sind zur Individualisierung verdammt. Individualisierung ist ein Zwang, ein paradoxer Zwang allerdings, zur Herstellung, Selbstgestaltung, Selbstinszenierung, nicht nur der eigenen Biografie, sondern auch ihrer Einbindungen und Netzwerke, und dies im Wechsel der Präferenzen und Lebensphasen und unter dauernder Abstimmung mit anderen und den Vorgaben von Arbeitsmarkt, Bildungssystem, Wohlfahrtsstaat und so weiter« (Beck 1994, S. 14).

Auf diese Weise bildet sich ein »Marktindividuum« heraus. Da es als Einzelperson versuchen muss, sich in Konkurrenz mit anderen flexibel den wechselnden Anforderungen des Marktes anzupassen, ist es daran gehindert, kollektive Identitäten und Handlungseinheiten zu schaffen. In einer Situation, in der fast alles im Wandel und fast nichts vorhersehbar ist, erhalten persönliche Kreativität und die Ausbildung synergetischer Gemeinschaften eine neue Chance: Gibt es keine eindeutigen, verbindlichen Maßstäbe mehr, dann finde ich Sicherheit nur darin, dass ich meiner inneren Stimme, meiner inneren Berufung folge. Doch diese egozentrische Regression auf die eigene Basis reicht nicht aus, um Sicherheit, Orientierung und Handlungsfähigkeit zu gewinnen. In unübersichtlichen Situationen braucht jeder von uns einen Kreis von Unterstützern, Helfern, Gleichgesinnten, deren Urteilen und Kenntnissen ich vertrauen kann. Dieser Unterstützerkreis kann nur zum Teil aus professionellen Beratern bestehen, die zwangsläufig ihren eigenen Interessen verpflichtet sind. Die Vervielfältigung der Möglichkeiten, die Zunahme an Informationen, der Zwang, in immer mehr Bereichen selbst Entscheidungen treffen zu müssen, dies alles zwingt zur Ausbildung neuer Formen der Gemeinschaft.

Meine These lautet: Der Prozess der fortschreitenden Individualisierung und Ausdifferenzierung ist nur ein kurzes Übergangsstadium. Ab einer bestimmten Schwelle der Individualisierung wird ein Gegentrend zur Gemeinschaftsbildung notwendig. Meines Erachtens haben wir den Höhepunkt der Individualisierung überschritten, denn in vielen Bereichen werden die Kosten für den Einzelnen höher als der Nutzen. Darüber hinaus macht es die Komplexität der Anforderungen, vor die fast jeder von uns gestellt ist, nötig, neue Formen gemeinschaftlichen Entscheidens und Handelns zu entwickeln. Die Digitalisierung bietet diese Möglichkeiten – allerdings nur, wenn wir uns vom Krakengriff der Superkonzerne befreien und wir Inhalte und Formen demokratisch gestalten.

Diese neue Stufe bedeutet allerdings auch eine neue Qualität der Gemeinschaft. Jeder von uns ist gefordert, seine Individualität auszudifferenzieren, sein ungenutztes kreatives Potenzial freizusetzen. Doch dies wird nur in dem Maße gelingen, wie wir die Gemeinschaft als »fruchtbaren Boden« nutzen, aus dem unser Ego seine »Nährstoffe« zieht. Dies bedeutet aber auch, dass wir den Boden nicht einseitig ausbeuten dürfen, sondern pflegen müssen.

Das Beispiel der Comedian Harmonists bestätigt diese Einsicht: Solange die Mitglieder eine gleichberechtigte Arbeitsteilung umsetzten, bei der jeder das einbrachte, was seinen besonderen Fähigkeiten entsprach, war diese Gruppe kreativ und erfolgreich. Sie scheiterte aber, als sie mit diesen Teamprinzipien brach. Das Nachfolgeensemble, das »Meisterquartett«, in dem Biberti als selbsternannter Leiter sein Ego auf Kosten der anderen durchzusetzen suchte, zerfiel schnell.

Die Phase der extensiven Individualisierung muss einer Phase der Individualisierung in und zum Nutzen der Gemeinschaft weichen. Individualisierung ist unter diesem Aspekt eine notwendige Voraussetzung für die Entstehung von kreativer Vielfalt. Nicht losgelöster Egotrip, sondern kollektive Kreativität ist gefragt.

Gleichzeitig befreien wir uns mit neuen kreativen Synergiegemeinschaften von der Zwangsindividualisierung. Im Team kann ich fast alles mitentscheiden, aber ich bin zugleich durch die Kompetenz der anderen entlastet. Die Vielfalt der zu berücksichtigenden Informationen ist im Idealfall durch die Unterschiedlichkeit der Teammitglieder und ihrer Zugänge angemessen repräsentiert. Der Einzelne wird von der unrealistischen Zumutung entlastet, alles können zu müssen, und kann sich auf die Ausbildung seiner spezifischen Fähigkeiten konzentrieren, ohne den Gesamtzusammenhang zu verlieren.

»Kreativität gibt es nur im Plural« kann so zu einer Erfolg versprechenden Bewältigungsformel inmitten der neuen Unübersichtlichkeit werden. An die Stelle von außengeleiteter Anpassung, wie sie in traditionellen Gemeinschaften üblich war, tritt die Möglichkeit, eigensinnig seinen inneren Antrieben zu folgen und sich geeignete Felder zu schaffen.

Der Soziologe Oskar Negt hob in einem Interview, das ich mit ihm führte, diesen Aspekt der Ausbildung eines »eigensinnigen« persönlichen Profils besonders hervor: »Der Begriff der Flexibilität, der den Menschen auf eine universelle Verfügbarkeit reduziert, widerspricht im Grunde den entwickelten Produktionsprinzipien heute. Dort heißt es nämlich, nicht der universell verfügbare Mensch ist derjenige, der kreativ in die Prozesse, auch die Produktionsprozesse eingeht, der notwendig ist für diese intelligenten Produktionsprozesse, sondern der eher Eigensinnige, der auf Um- und Abwegen Gehende, der eigenständig Suchende, Lernende« (Negt/Burow 1998).

Doch was folgt daraus für unseren Zusammenhang? Ich ziehe fünf Schlussfolgerungen.

Kreativität, Spitzenleistung und Glück durch Gemeinschaft

- Individualisierte Schaffensprozesse sind häufig Ergebnis von Individualisierungszwängen und marktkonformen Selbststilisierungen. Die Legende vom einsamen Genie dient in diesem Sinne der kompensierenden Heroisierung. Kollektive Kreativität wird durch Marktzwänge und das Bedürfnis nach »Helden« behindert.
- Mit der Überwindung des Individualisierungszwangs bietet sich die Chance für jeden von uns, nicht nur zu befriedigenderen Formen schöpferischer Arbeit zu kommen und das ungenutzte eigene kreative Potenzial besser zu erschließen, sondern auch zu völlig neuen Dimensionen kollektiver Kreativität und kollektiver Intelligenz vorzustoßen.

- In der digitalisierten Wissensgesellschaft wird es jedenfalls im Bereich komplexer kreativer Schöpfungsprozesse notwendig, schon aufgrund der geänderten Anforderungen Individualisierung zu überwinden. Dem Gegentrend der Teambildung tragen Firmen und Institutionen zunehmend Rechnung und fördern ihn – auch wenn sie noch Schwierigkeiten mit der Bereitstellung von Freiräumen und der Entwicklung neuer Formen vertrauensbasierter, supportiver Führung haben.

- Eine zeitgemäße Form des schöpferischen Prozesses in der Wissensgesellschaft ist die Teamkreativität nach dem Jazzbandmodell gemäß der Formel: »Kreativität gibt es nur im Plural«.

- Die neuen Formen kollektiver Kreativität eröffnen eine Chance zur Ausbildung von schöpferischen Gemeinschaften, in denen der Einzelne ein großes Spektrum seines kreativen Potenzials verwirklichen kann, indem er Synergiepartner im Feld wird und so Team-Flow und Glück erfährt.

Bevor wir uns mit der Frage der Bildung von geeigneten Feldern beschäftigen, möchte ich skizzieren, was wir über die Hintergründe kreativer Persönlichkeiten wissen. Die Analyse ihrer besonderen Fähigkeiten wird wichtige Hinweise dafür geben, welche Eigenschaften in einem kreativen Team vorhanden sein sollten. Was der Geniekult ins Individuum projiziert hat, kann nämlich ohne Ausnahme in einem Kreativteam durch vielfältig zusammengesetzte Mitglieder ausgefüllt werden. Wir müssen nicht genial sein, aber wir sollten in der Lage sein, für unsere besondere Fähigkeit ein unterstützendes Synergiefeld zu finden, das unsere Stärken erst zur Geltung bringt.

Der Ort der Kreativität

Mihály Csíkszentmihályi und Howard Gardner haben mithilfe von Lebenslaufstudien versucht, eine Antwort auf die Frage nach förderlichen Umfeldern zu finden. Während Gardner die »Schöpfer der Moderne« (Picasso, Freud, Einstein, Gandhi, Strawinsky, Graham) in vergleichenden Lebenslaufstudien untersuchte, hat sich Csíkszentmihályi auch mit Normalsterblichen beschäftigt. Die Frage nach dem Ort der Kreativität versuchen beide mit folgendem Modell zu beantworten:

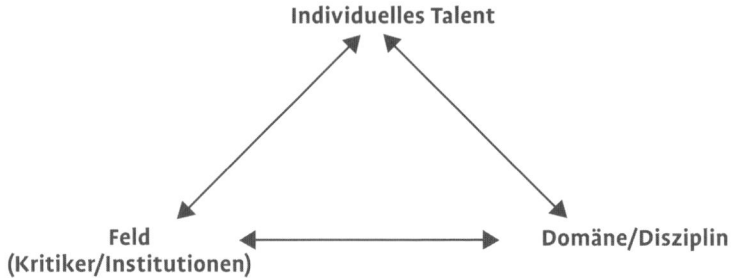

Wo findet Kreativität statt? Nach Gardner (1996, S. 59)

Demnach bedingt die Freisetzung der eigenen Kreativität nicht allein ein gewisses Maß an individuellem Talent, sondern auch die Wahl einer geeigneten Domäne oder Disziplin, in der sich die eigenen Fähigkeiten optimal entfalten können. Darüber hinaus muss man aber auch über das verfügen, was Robert J. Sternberg (1998) als Erfolgsintelligenz bezeichnet. Analytische Intelligenz, die in Schulen und Universitäten gefördert wird, reicht nicht aus. Zur Begabung und zur Wahl des geeigneten Faches muss auch noch die Fähigkeit hinzutreten, soziale Beziehungen zu knüpfen und Zugang zu Feldern zu finden, die darüber entscheiden, ob eine Schöpfung als kreativ zu bewerten ist.

Analytische, praktische und kreative Intelligenz sind die Bestandteile von Erfolgsintelligenz. Das Team ist ein geeigneter Ort, um diese verschiedene Akzentsetzungen zusammenzuführen.

Die Geschichte kennt viele Legenden über das kreative, aber einsame und verkannte Genie. Wenn an die Stelle der Genielegende ein Feldmodell zur Verortung von kreativen Leistungen gesetzt wird, dann darf man ganz im Sinne meiner Thesen vermuten, dass es eine Vielzahl von bislang unerkannten Kreativen unter uns gibt, denen es nur unzureichend gelungen ist, die Faktoren von individueller Begabung, Wahl einer geeigneten Domäne und Zugang zum aufnahmebereiten Feld mithilfe von Erfolgsintelligenz angemessen aufeinander abzustimmen. Howard Gardner arbeitet anhand einer vergleichenden Analyse der Lebensläufe der Schöpfer der Moderne weitere Einsichten heraus. So ist es ein Kennzeichen kreativer Genies, dass sie in der Lage sind, diese Faktoren trotz bisweilen ungünstiger Voraussetzungen optimal zu koordinieren.

Den Schöpfern der Moderne ist demnach zunächst gemeinsam, dass sie zeitlebens über einen intensiven Zugang zu frühen Kindheitserlebnissen verfügten und sich eine gewisse Kindlichkeit bewahrt haben.

Offensichtlich gibt es eine Verbindung zwischen der noch weitgehend offen strukturierten Welt des Kindes und der des reifen schöpferischen Menschen: »Meiner Ansicht nach setzt jeder kreative Durchbruch die Verbindung zwischen zwei dem Anschein nach disparaten Bereichen voraus: a) eine gründliche, oft frühreife Meisterschaft in den einschlägigen Tätigkeitsbereichen und b) eine Denkweise, eine Art der Intuition, wie man sie gewöhnlich dem menschlichen Bewusstsein früher Altersstufen zuordnet. Die erfolgreiche Fusion dieser beiden Faktoren ist die Voraussetzung des schöpferischen Durchbruchs und zugleich die Bedingung der Möglichkeit, dass andere ihn erfassen« (Gardner 1996, S. 473).

Gardner beschreibt frühe Spezialbegabungen der Schöpfer, die von ihrem Umfeld erkannt und gefördert wurden. So durfte Picasso schon als Kind erleben, dass seine Zeichnungen von seinem Vater bewundert und gesammelt wurden. Kennzeichnend ist aber auch, dass kreative Persönlichkeiten in der Lage sind, sich in einen Gegensatz zu den beherrschenden Auffassungen ihrer Umgebung zu setzen, Asynchronien auszuhalten und sie produktiv zu verarbeiten. Schließlich zeichnet es die Schöpfer aus, dass sie sehr konsequent an ihren Projekten arbeiten. Dabei scheint es so etwas wie eine Zehnjahresregel zu geben: Alle brauchten etwa eine zehnjährige »Einarbeitungszeit«, bis sie in der Lage waren, in ihrem Gebiet kreative Durchbrüche zu erzielen.

Im Lichte neuerer Forschungen muss man diese Aussage jedoch zumindest für den Bereich künstlerischen Schaffens relativieren. So hat David Galenson, Wirtschaftswissenschaftler an der Universität Chicago, in einer selbst schon kreativ zu nennenden Untersuchung Arbeitsmarktforschung mit der Analyse moderner Kunst verknüpft (Duff 1998). Während die herkömmliche Wirtschaftslehre in Übereinstimmung mit Ansichten Gardners davon ausgeht, Menschen würden mit zunehmendem Alter und größeren Erfahrungen produktiver, kann Galenson zeigen, dass erfolgreiche Künstler immer jünger werden: »Galenson hat einen verborgenen Datenschatz gehoben, indem er anhand der Preisentwicklung für moderne Kunst herausgefunden hat, wie es sich im Arbeitsleben verhält. Monatelang durchforstete er Aufzeichnungen von Auktionshäusern, vertiefte sich in die Literatur über Kunstgeschichte und befragte Kunsthändler. So rekonstruierte er die Tendenzen der Preisentwicklung auf dem Kunstmarkt seit 1980. Dabei entdeckte er ein überraschend konsistentes Muster: Moderne amerikanische Maler, die zwischen 1880 und 1940 geboren wurden, produzierten im Allgemeinen ihre besten Werke über 40. Das Durchschnittsalter, in dem die früheren Generationen am erfolgreichsten waren, betrug 52 Jahre, das der späteren Generationen dagegen 32 Jahre« (Duff 1998).

Eine Erklärung für diese Verjüngung besteht im Entwicklungsstand der Domäne und der spezifischen Marktverhältnisse: »Die moderne Malerei kann am besten als Technologie in der Entwicklungsphase verstanden werden«, schrieb der Kunstkritiker Leo Steinberg 1972, den Duff zitiert. »Der Künstler als Ingenieur und Forschungstechniker wird wichtig, sofern er Lösungen für die richtigen Probleme vorlegt. In solchen Zeiten haben die Jungen einen entscheidenden Vorteil«, fügt Galenson (2002) hinzu, sie können »ganz einfach Dinge wahrnehmen, weil sie nicht auf den ausgetretenen Pfaden gehen« (a.a.O.).

Galensons Untersuchung (2002) ist ein weiterer Beleg für meine These, dass die Bedingungen für menschliche Kreativität nicht nur intrinsischer oder gar genetischer Natur sind, sondern von der Umwelt mitbestimmt werden. Selbst scheinbar äußerliche Bedingungen wie die Verhältnisse am Kunstmarkt entscheiden darüber, ob ein Künstler sein kreatives »Coming-out« erst nach zehn Jahren oder schon früher hat. Kreative müssen, wenn sie erfolgreich sein wollen, also die spezifischen »Marktbedingungen« der von ihnen gewählten Domäne beziehungsweise des Feldes berücksichtigen. Begabung auf einem Gebiet allein reicht nicht. Auch diese Einsicht ist ein Argument für Teamkreativität, weil Individuen nur selten über alle Fähigkeiten verfügen, die benötigt werden, um nicht nur kreativ zu sein, sondern auch die nötige Anerkennung zu finden.

Interessant ist in diesem Zusammenhang, was Gardner über den Preis der Geniekreativität herausgefunden hat: Drastisch spricht er von der »Blutspur der Kreativen« und etikettiert damit seine Einsicht, dass überragende Schöpfer häufig derart engagiert an der Durchsetzung ihrer Projekte arbeiten, dass sie in Extremfällen buchstäblich über Leichen gehen und beispielsweise dem Erreichen ihres Ziels bedenkenlos soziale Beziehungen opfern. So ist von Einstein, über Gandhi bis Picasso der rücksichtslose Umgang mit Angehörigen bekannt.

So beeindruckend Gardners Einsichten sind, so sehr leiden sie doch unter einem Mangel: Indem er sich auf herausragende Persönlichkeiten konzentriert, bleibt die Alltagskreativität – über die wir alle verfügen – unbeachtet. Problematischer noch: Gardner bleibt einem Geniekult verhaftet, der überragende Leistungen vor allem auf das Wirken überragend begabter Individuen zurückführt. So schreibt er auf seine Art die heroisierende Genielegende weiter. Immerhin ist es sein Verdienst, mit dem von Csíkszentmihályi übernommenen Kreativitätsdreieck den Blick auf die Feldbedingungen gelenkt zu haben. Doch er tut dies aus meiner Sicht nur unzureichend. Zu sehr wird in seiner Perspektive die Leistung des Einzelgenies überbewertet. Die Synergieleistungen der Mitglieder des jeweiligen Kreativen Feldes bleiben demgegenüber unterbelichtet.

Mit meiner Theorie Kreativer Felder komme ich zu einem veränderten Blickwinkel. Kreativität erscheint aus meiner Sicht vor allem als Effekt besonders aufgebauter Felder. Ausschließlich die Lebensläufe von überragend Kreativen zu untersuchen führt zwangsläufig in die Irre, weil der Ort der Kreativität – wie Gardner ja selbst sieht – nur zum Teil im Individuum zu finden ist. Wie ich zu zeigen versuche, ist das Auftreten von Kreativität vor allem als Effekt spezifisch aufgebauter sozialer Felder anzusehen. Solche Felder nenne ich »Kreative Felder«.

Diese These bestätigend hat Malcom Gladwell (2009) gezeigt, dass all die Koryphäen der Computerwelt zwischen 1953 und 1956 an einem bestimmten Ort, dem Silicon-Valley, aufgewachsen sind. Talent allein reicht also nicht aus: Man muss darüber hinaus zur richtigen Zeit am richtigen Ort sein. Und dieser Ort muss eine spezifische Beschaffenheit haben, wie Martina Heßler und Clemens Zimmermann (2008) in ihrer Studie »Creative Urban Milieus« gezeigt haben. Je nach Herausforderung bieten sich unterschiedliche Orte wie zum Beispiel Paris für die Kunst um die Jahrhundertwende oder heute Berlin an. Weiter hat der Kulturgeograf Richard Florida (2002) gezeigt, dass die »Creative Class« besonders an Orten entsteht, die sich durch Toleranz, Talentförderung und Hochtechnologie auszeichnen. Insofern sollte jede Person, die ihr kreatives Potenzial entfalten will, nicht nur darüber nachdenken, was ihre besondere Fähigkeiten sind und welche Synergiepartner sie braucht, sondern auch analysieren, ob die gesellschaftliche, kulturelle und geografische Umgebung passt. Im anbrechenden digitalen Zeitalter kann dieser optimale Ort auch ein virtueller Raum – etwa in Form einer bestimmten Plattform oder eines thematisch fokussierten Chatforums – sein.

Während Gardner die Bedeutung überragender Begabungen schon in der frühen Kindheit hervorhebt, vertrete ich die These, dass fast jeder von uns zu überragenden kreativen Leistungen fähig ist, wenn er ein geeignetes Kreatives Feld findet oder es aufbaut. Als einen Beleg für diese These betrachte ich die Entstehung von drei Kreativen Feldern, die die letzten 40 Jahre des letzten Jahrhunderts entscheidend geprägt, wenn nicht sogar verändert haben: die Musik der Beatles, die Erfindung des Personalcomputers und das Schaffen entsprechender Programme. Wie ich in »Ich bin gut – wir sind besser« (Burow 2000) anhand der Entstehung der Musik der Beatles, der Entwicklung des Apple-Personalcomputers und der Entstehung von Microsoft herausgearbeitet habe, sind diese kreativen Produkte nicht von frühbegabten Genies, sondern von vergleichsweise durchschnittlich begabten Personen vollbracht worden. Die Musiker John Lennon und Paul McCartney zeichnete es ebenso wie die Apple-Begründer Steve Jobs und Steve Wozniak aus, dass es ihnen gelang, passende Synergiepartner zu finden und ein Kreatives Feld zu schaffen, in dem sie ihre vergleichsweise unspektakulären Begabungen optimal einsetzen konnten. Und auch Bill Gates fand in seinem Schulfreund Paul Allan schon früh einen Partner, der es ihm ermöglichte, seine persönlichen Grenzen zu überwinden. »Wir waren füreinander so etwas wie interaktive Quellen«, resümiert Gates den Einfluss seines Schulfreunds und Mitbegründers von Microsoft. Die Beatles, Jobs und Wozniak, Allan und Gates verbindet nicht nur die Fähigkeit zur Bildung von Synergiepartnerschaften um eine gemeinsam entworfene Vision, sondern auch, dass sie selbst die Entstehung entsprechender Kreativteams initiierten.

Die Eingangsgeschichte über die Gründung der Comedian Harmonists zeigt, wie unspektakulär solche Synergiepartnerschaften häufig beginnen: Zwei Jugendfreunde verbindet eine Vision, die sie zum Kristallisationskern im Feld werden lässt. Durch die Kombination ihrer unterschiedlichen Begabungen und ihre gemeinsame Vision – ein Modell, das auch Sergey Brin und Larry Page zur Gründung von Google verhalf – ziehen sie die nötigen Talente und Fähigkeiten an, die sie benötigen, um ihre Vision Wirklichkeit werden zu lassen. Gleichzeitig gestalten sie ein Kreatives Feld, das ihre vergleichsweise begrenzten individuellen Fähigkeiten plötzlich in einer nie für möglich gehaltenen Weise steigert. Frommermanns originelle, aber laienhafte Partituren werden durch Bootz' handwerkliches Können veredelt und durch die interessante Mischung der Sänger zu einem unverwechselbaren kreativen Produkt.

Diese Beispiele stehen in einem gewissen Widerspruch zu Gardners Thesen. Wir müssen sie wie folgt revidieren beziehungsweise ergänzen:

> Frühe Meisterschaft kann eine wichtige Bedingung für kreative Durchbrüche sein. Sie ist aber keine notwendige Bedingung. Zu schöpferischen Höchstleistungen kann fast jeder von uns vordringen, wenn er das Glück hatte, sein Kreatives Feld zu finden oder zu schaffen. Kreativität kann durch gelungene Synergiebalance im Feld entstehen.

Diese Einsicht hat bedeutende Konsequenzen für die Gestaltung von Bildung und die Gründung von Entwicklerteams: Ein Schlüssel zur Entfaltung meiner ungenutzten kreativen Potenziale liegt im Finden geeigneter Synergiepartner. Nicht einer muss alles können, wie im Genie-Mythos fantasiert, vielmehr sind die notwendigen Fähigkeiten und Kenntnisse im Teamfeld vorhanden. Jeder bringt seinen spezifischen Beitrag, sein »Bestes« ein und erhöht damit die Wahrscheinlichkeit, dass eine neue Idee, ein neues Konzept oder ein Spitzenprodukt entsteht. Mit dieser wechselseitig sich verstärkenden Synergieleistung wird nicht nur die Qualität des Produkts gesteigert, sondern auch die Leistung des Teams und des Egos. Das Team wächst über sich hinaus, weil die Egos in der Gemeinschaft ihre spezifischen Fähigkeiten, ihre »Berufung« entdecken und einbringen – und damit übrigens auch ihre Berufung finden, Team-Flow ermöglichen und Gestaltungsglück erfahren.

Transfer

- Worin besteht Ihre ganz persönliche Begabung beziehungsweise Berufung?
- Wie können Sie Ihre Begabung optimal fördern?
- In welcher Domäne/Disziplin haben Sie die besten Chancen, Ihr kreatives Potenzial optimal zu entfalten?
- Welche Chancen sehen Sie, mit Ihren besonderen Fähigkeiten Anerkennung und Wertschätzung zu finden?
- In welchem Umfeld könnten Sie sich verwirklichen?
- Gibt es ein persönliches Ziel, das Sie mit der Entfaltung Ihres Kreativen Potenzials erreichen wollen? Beschreiben Sie dieses Ziel möglichst genau! Am besten notieren Sie Ihre Antworten!
- Welche idealen Synergiepartnerinnen und -partner brauchen Sie?

Kreative Tätigkeitsformen

Bevor wir uns der Frage zuwenden, was ein Kreatives Feld überhaupt ist und wie es aufgebaut sein muss, damit Team-Flow möglich wird, möchte ich hier eine nützliche Typisierung kreativer Tätigkeiten problematisieren. Meine These lautet:

Tätigkeitsformen lassen sich nicht sinnvoll betrachten, wenn man sie vom Feld loslöst, aus dem heraus sie entstanden sind.

> ### Kreative Tätigkeitsformen nach Gardner
>
> Gardner (1996, S. 444 f.) unterscheidet fünf Hauptformen:
> - **Lösung eines bestimmten, in der Regel wissenschaftlichen Problems.** Beispiele: Einsteins Auseinandersetzung mit der Molekularbewegung und Strawinskys Reorchestrierung klassischer Stücke.
> - **Entwicklung neuer allgemeiner Denkmodelle.** Beispiele: Einsteins Relativitätstheorie und Freuds psychoanalytische Theorie unbewusster Seelenvorgänge.
> - **Erschaffen eines Produkts.** Beispiele: einzigartige, originelle, aus dem bisherigen Rahmen eines Genres fallende Produkte wie etwa Skizzen, Gedichte, Wandbilder, Opern, Romane und vieles andere mehr.
> - **Stilisierte öffentliche Darstellungen.** Beispiele: Tanz, Theaterstücke, Performances et cetera.
> - **Aktionen mit hohem Risiko.** Ein Beispiel dafür ist Gandhis Praktizierung und Durchsetzung der Methode des gewaltfreien Widerstands.
>
> Kreative Tätigkeitsformen lassen sich Gardner zufolge durch drei Aspekte allgemein charakterisieren:
> - die Wahl eines spezifischen Symbolsystems
> - die Art der kreativen Tätigkeit
> - besondere Momente im Verlauf kreativer Durchbrüche oder Aktionen

Oft werden Domänen durch ein Paradigma beherrscht. In Anlehnung an Thomas Kuhns Untersuchung zur Struktur wissenschaftlicher Revolutionen (1996) wird darunter eine Reihe von Lehrmeinungen und Grundsätzen verstanden. Kreative Persönlichkeiten zeichnen sich häufig dadurch aus, dass sie vorhersehende Paradigmen infragestellen oder zur Formulierung neuer Paradigmen beitragen, indem sie wie Einstein eine neue Betrachtung von Naturvorgängen vorlegen, wie Freud einen neuartigen Zugang zum Seelenleben oder wie Strawinsky, Eliot und Graham zu neuen künstlerischen Ausdrucksformen oder wie Gandhi zu neuen politischen Aktionsformen beitragen. Wie eine genauere Analyse unter der Feldperspektive zeigt, sind alle diese neuartigen Zugänge letztlich Ergebnisse von »Teamarbeit«. Was wäre Freud ohne Breuer und seine Patienten und Schüler? Was wäre Gandhi ohne die politische Bewegung, deren Bestandteil er wurde, und die er ebenso wie sie ihn formte?

Gardner bleibt in weiten Teilen einer Darstellungsweise verhaftet, die in der Tradition des Genie-Mythos oder der Künstlerlegende steht. Wie wir spätestens seit Thomas Kuhns Untersuchung zum Wandel wissenschaftlicher Auffassungen wissen, werden grundlegende Lehrmeinungen von sozialen Gruppierungen gestützt, die an deren Aufrechterhaltung oder Weiterentwicklung ein wie auch immer geartetes Interesse haben. Jede kreative Tätigkeitsform stößt zwangsläufig auf Widerstand, wenn sich die Möglichkeit einer radikalen Neuerung abzeichnet, weil damit die Traditionalisten von Abwertung bedroht werden.

Kreative sind so gesehen »Agenten« eines gesellschaftlichen und kulturellen Wandels und damit ihrerseits – ob sie es wollen oder nicht – Vertreter bestimmter gesellschaftlicher Interessen. Jede kreative Tätigkeitsform findet in einem soziokulturellen Kräftefeld statt und wirkt auf dieses ein. Eine genauere Analyse der Lebensläufe der Schöpfer der Moderne aus dem Blickwinkel meiner Theorie Kreativer Felder zeigt – so meine These –, dass sie letztlich Kristallisationskerne in einem Kreativen Feld waren, das sie unterstützte. Die Schöpfer der Moderne konnten erst zu den einsamen Lichtgestalten umfunktioniert werden, als die Leistungen ihres kreativen Umfeldes ausgeblendet, die kreative Synergiegemeinschaft nicht angemessen berücksichtigt wurde und das

Bedürfnis nach Heroisierung sich durchsetzte. Kreativität gibt es aber nun einmal nur im Plural. Die als Leistung eines individuellen »Schöpfers« beschriebenen kreativen Tätigkeitsformen sind letztlich verschiedene Typen der Synergie- beziehungsweise Feldkreativität. Wir wissen noch wenig über die Wirkungen, die miteinander improvisierende Personen vor dem Hintergrund günstiger Feldfaktoren aufeinander ausüben. Zur Aufklärung dieser Zusammenhänge bräuchten wir Untersuchungen, wie sie beispielsweise Ende des letzten Jahrhunderts mit der Reihe »Paare« (Rowohlt Verlag) begonnen wurden: Anhand Walter van Rossums (1998/2001) brillanter Nachzeichnung der gegenseitigen Beeinflussung von Simone de Beauvoir und Jean-Paul Sartre kann man nacherleben, wie zwei Personen sich in kreativer Konkurrenz gegenseitig zu Höchstleistungen steigern können, die nicht auf das geniale Individuum zurückzuführen sind, sondern Ausdruck eines besonderen Paarfeldes sind. Mag dies auch ein besonders spektakuläres Beispiel sein, so leben wir doch alle in unserem Alltag solche Formen, ohne dass uns dies bewusst wäre.

Übertragen auf die Personalentwicklung erfordert diese Einsicht, dass wir die Leistungen von Mitarbeitern vor dem Hintergrund ihres Umgebungsfelds betrachten sollten. Wenn Leistungen unzureichend sind, dann sollten wir auch über mögliche Synergiebildungen nachdenken. Übertragen auf Bildung und Erziehung bedeutet dies, dass wir uns für einzelne Schüler überlegen müssen, welche Teambildungen, welche sozialen Felder geeignet sind, dem Lernenden zu helfen, sein kreatives Potenzial zu entfalten. Die internationalen Schulleistungsvergleichsstudien im Gefolge von PISA testen aus dieser Perspektive ein überholtes Bildungsmodell: Im digitalen Zeitalter geht es nicht vorrangig darum, Einzelleistungen isolierter Schüler oder Studierender mithilfe standardisierter Aufgaben abzutesten, sondern um die Befähigung zu lebenslanger Potenzialentwicklung und kreativer Problemlösung im Synergieteam. Je früher Heranwachsende lernen, ihre Berufung, ihr »Element« – wie es Ken Robinson (2011) nennt – zu erkennen und Kreative Felder zu bilden, desto mehr werden sie und die Gesellschaft davon profitieren. Das traditionelle schulische Unterrichtsmodell verhindert Kreativität, denn die individualisierende, dem Genie-Mythos verhaftete Betrachtung kreativer Tätigkeitsformen verschüttet kreative Potenziale. So testieren unsere Bildungseinrichtungen noch immer viel zu oft mangelnde Fähigkeiten – ausgedrückt durch ungeeignete Zifferbewertungen – und erkennen nicht, welche Möglichkeiten bei geeigneten Beziehungsbildungen in jedem von uns liegen.

Die Förderung kreativer Fähigkeiten ist somit immer auch ein sozialer Prozess.

Aber auch unter dem Gesichtspunkt, wie schwierig es ist, scheinbar bewährte Paradigmen oder Konzepte infrage zu stellen, erscheint es plausibel, dass kreative Tätigkeitsformen sehr viel wirksamer sein könnten, wenn wir uns nicht auf geniale Einzelkämpfer konzentrierten, sondern nach neuen Wegen zur Förderung von Teamkreativität suchten. In Synergieteams bestehen sehr viel bessere Voraussetzungen, die Komplexität durch Perspektivenwechsel sowie gegenseitige Ergänzung angemessener zu erfassen und die sozialen Verunsicherungen auszuhalten, die mit dem Vordringen in Neuland verbunden sind. Wie Ken Robinson gezeigt hat, verfügen kleine Kinder über Formen »natürlicher« Kreativität, die durch ein falsches Bildungsmodell zerstört werden. Learning to be creative – so der Untertitel seiner Untersuchung »Out of our Minds« (2011) ist die entscheidende Herausforderung, der sich Bildungseinrichtungen und Unternehmen im 21. Jahrhundert stellen müssen.

Die passende Antwort auf den wachsenden Bedarf an kreativen Leistungen sind zweifellos das kreative Team und die dialogische Diskursgemeinschaft (Bohm 1998). Darin liegt zugleich die Hoffnung begründet, dass es unter günstigen Bedingungen mehr Menschen möglich sein wird, kreativ zu sein. Das Zukunftsbild ist aus dieser Perspektive nicht der genialische Einzelne in seinem Atelier, sondern das miteinander schwingende, aber auch kreativ konkurrierende Paar, die sich spielerisch mit Gestaltungslust ergänzende Band, das vielfältig gestaltete Kreative Feld innerhalb einer Bildungseinrichtung, einer Firma oder Institution.

Transfer

Überlegen Sie:
- Welche kreative Tätigkeit liegt Ihnen besonders?
- Passt Ihr »Projekt« in dieses Schema? Oder wie würden Sie die von Ihnen gewählte Tätigkeitsform charakterisieren?
- Welche persönliche Fähigkeit könnten Sie in ein Team einbringen?
- Welche Ergänzungen im Sinne von fordernden/fördernden Synergiepartnern brauchen Sie?
- In welchen Kreativen Feldern arbeiten Sie bereits? Wo gibt es entsprechende Partnerschaften, Gruppen et cetera?
- Welches Kreative Feld wollen Sie intiieren beziehungsweise gründen?
- Wo und mit wem können Sie an ihrem Arbeitsplatz ein Kreatives Feld einrichten?

Kreativität und Feld

»Felder sind überall gleichzeitig und können entfernte, einzelne Aktionen verbinden. Da Felder Verhalten beeinflussen, ist es ihnen möglich, separate Ereignisse zusammenzuhalten und zu organisieren.«

Margaret J. Wheatley

Ein antikreativer Arbeitsplatz

Als ich daranging, diesen Text zu schreiben, war ich zunächst fasziniert von der Fragestellung nach dem Ort der Kreativität. Den Grund für diese Faszination kennt jeder. Intuitiv spürte ich selbst, dass es Felder gab, in denen ich kreativ sein konnte, und Felder, die mich blockierten. So litt ich jahrelang unter einem Arbeitsplatz, der durch ein unbefriedigendes soziales Klima und eine verdeckte Konkurrenz geprägt war. Fachliche Auseinandersetzungen wurden vielfach durch kleinkariertes Machtgerangel überdeckt. Aber schlimmer noch – ein anregender fachlicher Austausch fand kaum statt, und jeder forschte in seiner Nische vor sich hin. In Gremiensitzungen, die sehr oft stattfanden, bemerkte ich ein körperliches Unwohlsein. Ich bekam Kopfschmerzen, fühlte mich müde und zerschlagen. Die Ergebnisse solcher langwierigen Sitzungen waren in vielen Fällen niederschmetternd gering, obwohl an ihnen eine Vielzahl hochrangiger Wissenschaftler und Wissenschaftlerinnen teilnahmen. Leider war ich nicht in der Lage, zu einer Verbesserung der unbefriedigenden Situation beizutragen. Diese frustrierenden Erfahrungen führten dazu, dass ich mich nach und nach zurückzog und mich auf meine eigene Forschungsarbeit konzentrierte. Ich verhielt mich also wie die Mehrzahl meiner Kolleginnen und Kollegen: Rückzug und die anderen möglichst wenig in die eigenen Karten schauen lassen.

Nach und nach versuchte ich, meine Kontakte mit diesem Arbeitsplatz auf ein Minimum zu reduzieren, weil ich mich dort meist als blockiert erlebte. Ich hatte das Gefühl, dass die Umgebung dieser Institution für meine persönliche Entwicklung schädigend war. Zunächst dachte ich, mein Unbehagen, meine Blockaden, mein Rückzugsverhalten seien Ausdruck meines individuellen Unvermögens, mit den Strukturen dieses Arbeitsplatzes produktiv umzugehen. Deshalb unternahm ich immer wieder Anläufe, dort doch noch Engagement zu entwickeln. In gelegentlichen Gesprächen mit Kollegen entdeckte ich aber, dass es vielen ähnlich ging. Ich begann mich zu fragen, wie es möglich war, dass ein Ort wie die Universität, mit dem man doch Kreativität und faszinierende Entdeckungsreisen zu neuen Erkenntnissen assoziiert, zu einem solchen entfremdenden Arbeitsplatz entartete. Nach und nach begann ich zu ahnen, dass hinter meinen Erfahrungen bestimmte allgemeine Prinzipien stehen mussten, die es mir einmal leichter und ein anderes Mal schwerer machten, mich zu entfalten und meine Blockaden zu überwinden. Offenbar gab es allgemeine Rahmenbedingungen, die dazu beitrugen, den Arbeitsplatz zu einem antikreativen Feld werden zu lassen, in dem die Mitarbeiter sich gezwungen fühlten, ihren hart erkämpften Besitzstand zu verteidigen. Wirkliche Entwicklung und Innovation war in diesem Rahmen offenbar nur schwer zu realisieren.

Aha-Erlebnisse

Als Forscher hatte ich mich auf die Entwicklung der Gestaltpädagogik konzentriert und dabei das fachliche Umfeld meiner Domäne Erziehungswissenschaft aus dem Blickfeld verloren. Obwohl ich aufwendige empirische Forschung betrieb, fiel es mir schwer, in der Scientific Community der Erziehungswissenschaftler Fuß zu fassen. Zu meinem Erschrecken musste ich erkennen, dass ich mich mit meiner Forschungsarbeit auf ein Spezialgebiet konzentriert hatte, das vom Mainstream zu weit entfernt war. Ich hatte mich, ohne es zu bemerken, an den Rand des Feldes begeben und wurde nun durch die etablierten Mitglieder gezwungen, auch ihre Arbeit zu würdigen. Lange Zeit hielt ich viele von ihnen für verknöcherte Ignoranten, die Innovatives nicht zu schätzen wussten. Doch nach und nach wurde mir klar, dass ich mich zu wenig um die Eigengesetzlichkeiten des Feldes gekümmert hatte.

In einem solchen Fall schlägt das Feld – vertreten durch seine anerkannten Mitglieder – zurück. Mir drohte die Ausgrenzung. Ich begann, mich in die Fachdiskussionen einzuschalten, diskutierte mit Kollegen, setzte mich mit ihren Positionen kritisch auseinander und wurde so nach und nach zu einem anerkannten Mitglied des Feldes. Ja, ich konnte sogar erleben, dass hier und dort meine Positionen Eingang in die Fachdebatte fanden. Dies war aber erst dadurch möglich geworden, dass ich mich von der Randposition wegbewegt und die Mitglieder des Feldes nicht als Gegner, sondern als Synergiepartner begriffen hatte. Allerdings musste ich hierzu Anpassungsleistungen erbringen und Kompromisse schließen – eine Gratwanderung, die, wenn man die eigene Linie verliert, die Kreativität einschränken kann.

Als ich Bourdieus Untersuchungen über den »Homo academicus« (1992) las, verstand ich plötzlich, wie das Feld der Universität funktionierte. Ich verstand, warum ich nicht egozentriert, losgelöst von meinem Bezugsfeld Anerkennung finden konnte. Mir wurde klar, dass Kreativität erst im Eingehen auf die Mitglieder des Zielfelds fruchtbar wird. Die Einsichten Gardners brachten mir weitere Aha-Erlebnisse, und mein bisheriges Wissen verdichtete sich zu einem Muster: Ich erkannte, dass die Wahl des Ortes für die Kreativität von entscheidender Bedeutung ist. Also suchte ich nach Erkenntnissen, die Genaueres über kreativitätsfördernde Orte aussagten. Zweifellos musste es bestimmte Feldstrukturen geben, die erklären konnten, warum wir uns an unseren Arbeitsplätzen oft so offensichtlich antikreativ, ja sogar selbstschädigend verhalten. Auf der anderen Seite schien ich aber auch über ein intuitives Wissen zu verfügen, was ich tun konnte, um mir einen produktiven und anregenden Arbeitsplatz zu schaffen. Mein Rückzug war so gesehen nichts anderes als ein problematischer Versuch zur Selbsthilfe. Ohne bewusst einer bestimmten Strategie zu folgen, gestaltete ich mir nach und nach eine förderliche Arbeitsumgebung, die von der Ausstattung meiner Arbeitsräume bis hin zur aktiven Suche nach Synergiepartnern in und außerhalb der Universität reichte.

Dies war ein wechselvoller Prozess mit vielen Rückschlägen. Doch ich entdeckte, dass es Rahmenbedingungen gab, in denen mein Unbehagen und meine Widerstände verflogen waren, die Ideen nur so aus mir heraussprudelten und die Schaffenslust nicht versiegte. Wie ich heute weiß, hing dies mit sozialen Feldern zusammen, die auf meine spezifischen Fähigkeiten und Interessen zugeschnitten waren, die ich aufsuchte oder die ich mir aktiv schuf. Eine wichtige Stufe auf diesem Weg war, dass ich mich an Autoren erinnerte, die ich früher gelesen hatte, deren Schriften ich bisher aber nicht in ein Gesamtsystem einordnen konnte. Ich erkannte, dass die unterschiedlichen Feldbegriffe, die es in verschiedenen Disziplinen gab, trotz sehr spezieller Fachterminologien einen gemeinsamen Grund zu haben schienen. Dieser besteht in der Erkenntnis, dass es so etwas wie allgemeine Feldprinzipien gibt, deren Berücksichtigung die Wahrscheinlichkeit deutlich erhöht, dass ein Kreatives Feld entsteht. Nachfolgend werde ich die wesentlichen Feldprinzipien skizzieren, die sich aus der sozialpsychologischen Feldtheorie Kurt Lewins ergeben. Sie weisen übrigens große Übereinstimmung mit Einsichten der soziologischen Feldtheorie Pierre Bourdieus, der physikalischen Feldtheorie Margret Wheatleys und der biologischen Feldtheorie Kevin Kellys auf. Mit diesen so gewonnenen Prinzipien erhalten wir einen Schlüssel zur Freisetzung ungenutzter kreativer Potenziale in uns und unseren Arbeits- und Beziehungsfeldern.

Kreativität in der Feldtheorie Lewins

Hier ist nun der Moment gekommen, wo wir uns mit den verschiedenen Facetten des Begriffs »Feld« genauer auseinandersetzen. Betrachten wir zunächst die Feldtheorie Kurt Lewins. Die Entwicklung der sozialpsychologischen Feldtheorie ist untrennbar mit seinem Namen verbunden. Bekannt geworden ist er allerdings durch seine Führungsstilexperimente. So fand er experimentell drei grundlegende Führungsstile heraus, die unter den Begriffen »Laisser-faire«, »demokratisch« und »autoritär« Verbreitung fanden.

Sein Lebensweg kann seine besondere Kreativität erklären. Kurt Tsadek Lewin wurde am 9. September 1890 in Mogilno (bei Posen) geboren und jüdisch erzogen. Er begann sein Studium bei Rudolf Virchow mit dem Ziel, Landarzt zu werden, wandte sich aber schon bald der Psychologie, Philosophie und Wissenschaftstheorie zu. Seine Habilitationsschrift »Der Begriff der Genese in Physik, Biologie und Entwicklungsgeschichte« (Lewin 1922) übersteigt den Horizont der philosophischen Fakultät der Friedrich-Wilhelms-Universität Berlin. Bereits wenige Monate später reicht er eine Erweiterung seiner Dissertation als Alternative ein. Dabei handelt es sich um experimentelle Arbeiten zum Grundgesetz der Assoziation. In der Folge hält er Lehrveranstaltungen zur Philosophie und Psychologie ab und engagiert sich in der Lehrerfortbildung. Er dreht Filme und benutzt sie als Lehrmaterial. Auf einem internationalen Kongress der Yale-Universität (1930) referiert er anhand von eigenen Filmen über die »Auswirkung von Umweltkräften«. Dieser Vortrag scheint so beeindruckend gewesen zu sein, dass er eine Gastprofessur an der Stanford-Universität erhielt. Durch die rassistischen Beamtengesetze zur Emigration gezwungen, führt er als Kinderpsychologe seine in Berlin begonnenen Forschungsarbeiten an der Cornell University in Ithaca und der Iowa State University in den USA fort. Mit seinem neuartigen Untersuchungsverfahren wird er zu den Begründern einer experimentellen Sozialpsychologie gezählt (Lück 1996, S. 13–19).

Sicher nicht zufällig war es ein besonderes Anliegen des Emigranten Kurt Lewin, der gerade erst den Fängen einer totalitären Diktatur entronnen war, die Überlegenheit des demokratischen Führungsstils zu belegen, der ein Ideal der amerikanischen Gesellschaft beschrieb. So wies Lewin in Experimenten mit Studierenden nach, dass Gruppen auch ohne hierarchische Führung arbeiten können und dass eine selbstgesteuerte Führung der autoritären Führung bei vielen Aufgabenstellungen überlegen ist. Interessant ist an seinen Konzepten, dass er in ihnen grundlegende Lebenserfahrungen, die unser Jahrhundert prägten, verarbeitete. Auch die Entwicklung der in unserem Zusammenhang interessierenden Feldtheorie hat einen biografischen Hintergrund.

Lewin dient im Ersten Weltkrieg wie viele seiner Zeitgenossen als Kriegsfreiwilliger. Er wird im August 1918 bei einem Sturmangriff verwundet und verlässt die Armee als Leutnant der Reserve im Feldartillerieregiment 94, ausgezeichnet mit dem Eisernen Kreuz. In seiner ersten Veröffentlichung (1917/1982) hat er sich mit der »Kriegslandschaft« auseinandergesetzt. Durch seine Erlebnisse als Soldat kam er auf die Idee, dass die Wahrnehmung des jeweiligen Feldes subjektiv strukturiert wird. So beobachtete er an sich und seinen Kameraden eine Reduzierung der belebten Landschaft auf den Aspekt eines Gefechtsfeldes. Der Soldat sieht aufgrund seiner gefährdeten Lage in der Landschaft etwas ganz anderes als etwa der Tourist.

Lück (1996, S. 20 f.) hat den Stellenwert dieses Aufsatzes für die Entwicklung der Feldtheorie herausgearbeitet, indem er die Schlüsselzitate Lewins hervorhob: »Nicht die physikalische Beschaffenheit der Umgebung des Soldaten, sondern der erlebnismäßig strukturierte Raum, von Lewin später auch als Lebensraum bezeichnet, findet sein Interesse. Bereits hier, im Aufsatz über die Kriegslandschaft, findet sich die von seinem Lehrer Carl Stumpf übernommene und von Lewin auch selbst ausdrücklich benannte Phänomenologie, und hier findet man auch schon zentrale Begriffe der späteren Feldtheorie wie Grenze, Zone, Gerichtetheit. Die runde Friedenslandschaft und die durch die Front begrenzte Kriegslandschaft werden verglichen: ›Wenn man von der Etappe sich wieder der Front nähert, so erlebt man eine eigentümliche Umformung des Landschaftsbildes. Mag man auch schon weiter zurück hin und wieder auf zerstörte Häuser und andere Kriegsspuren gestoßen sein, so hatte man sich doch in einem gewissen Sinne in einer reinen Friedenslandschaft befunden: Die Gegend schien sich nach allen Seiten hin ungefähr gleichmäßig ins Unendliche zu erstrecken. [...] Nähert man sich jedoch der Frontzone, so gilt die Ausdehnung ins Unendliche nicht mehr unbedingt. Nach der Frontseite hin scheint die Gegend irgendwo aufzuhören; die Landschaft ist begrenzt‹ (Lewin 1917/1982, S. 441, KLW 4, 315 f.). Die anschauliche, durch Erfahrung geprägte Beschreibung bezieht in seinem kurzen Aufsatz über die ›Kriegslandschaft‹ auch Gegenstände und Personen ein: ›Was innerhalb der Gefechtszone liegt, gehört dem Soldaten als sein rechtmäßiger Besitz, nicht weil es erobert ist [...], sondern weil es als Gefechtsgebilde ein militärisches Ding ist, das naturgemäß für den Soldaten da ist. Selbst etwas so Barbarisches, wie das Verbrennen von Fußböden, Türen und Möbeln ist völlig unvergleichbar mit einem derartigen Verbrauch von Möbeln in einem Hause nach Friedensbegriffen. Denn, wenn auch diese Dinge ihre Friedensmerkmale nicht ganz verloren zu haben pflegen, so tritt doch sehr viel stärker der ihnen als Kriegsding zukommende Charakter in den Vordergrund, der sie häufig unter ganz andre Begriffskategorien zu ordnen veranlasst‹« (1917, S. 445).

Lewins Beschreibung ist – wie wir sehen werden – für unsere Frage nach den Grundlagen kollektiver Kreativität deshalb interessant, weil er herausarbeitet, dass Felder nicht objektiv gegeben, sondern in Teilen subjektiv konstruiert werden. Diese Fähigkeit zur Umkonstruktion ist aber eine Grundvoraussetzung für Kreativität.

Der Kreative verfügt insbesondere über die Fähigkeit, in Bestehendem Neues zu sehen. Das Kreative Feld ist nur zum Teil durch Rahmenbedingungen gegeben, es kann auch aktiv kreiert werden.

Lewin nähert sich hier seinem spezifischen Feldbegriff, den er später näher differenzieren wird. Worin unterscheidet er sich von traditionellen Feldbegriffen?

Vom Wappen zum Lebensraum

Der Begriff Feld bezeichnete ursprünglich die Gesamtfläche eines Wappens: »Newton sprach als Erster von einem Feld, nämlich dem der Schwerkraft. Nach seinem Modell hatte die Gravitation ihren Ursprung in einem Kraftzentrum, wie zum Beispiel dem Mittelpunkt der Erde, und breitete sich von da ausgehend in den Raum aus. Imaginäre Kraftlinien durchschnitten den Weltraum und zogen Objekte in Richtung Kraftzentrum, in diesem Fall die Erde. In Newtons Modell der Gravitation ging eine Kraft von einem Ursprung aus und wirkte auf andere Kräfte ein« (Wheatley 1997, S. 69).

Was versteht nun Lewin unter einem Feld? Lewin hat den Feldbegriff der Physik entlehnt und mit seinen Erlebnissen aufgeladen. Ein »Feld« ist demnach zunächst ganz im Sinne Newtons »ein Raum, dem an jedem Punkt eine bestimmte Charakteristik zuzuschreiben ist«. Das Gravitationsfeld beschreibt beispielsweise eine bestimmte Energieverteilung, die erst wirksam wird, wenn »etwas mit ihm geschieht«, etwa wenn man eine Kompassnadel einbringt, die dann, je nach den im Feld wirkenden Anziehungs- oder Abstoßungskräften, in eine bestimmte Richtung ausschlägt.

»Mit dem Terminus Feld bezeichnet man in der Physik in der Regel nicht die in einem bestimmten Raume verteilten Energien, sondern die in einem bestimmten Raume bestehenden, durch Kraftlinien dargestellten Zug- und Druckkräfte« (Lück 1996, S. 8). Lewins genialer, wenngleich umstrittener Kunstgriff besteht nun darin, dass er diese physikalische Betrachtungsweise in die Psychologie einführt: »Auch der Mensch steht in Spannungsfeldern, und die Zug- und Druckkräfte können menschliches Verhalten besser beschreiben als die herkömmlichen Begriffe« (a.a.O.).

Kompassnadeln gleich sind wir sozialen und kulturellen »Energiefeldern« ausgesetzt, die einen gewichtigen Einfluss darauf haben, wie wir unser Potenzial entfalten. Aber wir selbst können aufgrund bewusster Wahrnehmung den Ausschlag der Nadel beeinflussen.

Das Feld ist ein »erlebnismäßig strukturierter Raum«

Wenn wir den Menschen in diesem Sinne als »Kompassnadel« betrachten, die sich in unterschiedlich magnetisierten Feldern bewegt, dann können wir uns vorstellen, dass verschiedene Felder unterschiedliche Richtungsanzeigen zur Folge haben. Oder anders gesprochen: Wir suchen nicht nur aktiv bestimmte Felder auf; Felder wirken auch auf uns ein. Ähnlich wie bei physikalischen Gravitations-, Magnet- und Elektrofeldern, die für uns unsichtbar sind, ist uns meist nicht bewusst, welche Wirkungen »soziale Felder« auf uns haben können. Wie 70 Jahre später Nicolas Christakis und James Fowler (2010) aufgrund von Analysen der in einer Kleinstadt wirkenden Kräfte empirisch belegt haben, wird unser Verhalten in weitaus höherem Maß, als wir es meinen, durch die sozialen und kulturellen Felder, in denen wir uns bewegen, etwa durch unsere Freunde und vor allem die Freunde unserer Freunde bestimmt. So haben sie anhand einer Längsschnittstudie der Entwicklung sozialer Beziehungen in der Kleinstadt Framington gezeigt, dass sich etwa glückliche und unglückliche Menschen zu Clustern zusammenfügen. Die Zugehörigkeit zu einem Cluster bestimmt, ohne dass uns dies bewusst ist, unsere Werte und unser Verhalten – und dies obwohl es sich um informelle Gruppierungen handelt. Ob wir also Alkoholiker oder übergewichtig werden, hängt nicht nur von unseren bewussten Entscheidungen, sondern auch in hohem Maß von den sozialen Umgebungen ab, in denen wir uns bewegen.

Große Teile unserer Kreativität beziehungsweise der Fähigkeit, unser Potenzial zu entwickeln, hängen davon ab, ob wir uns in einem förderlichen oder eher hinderlichen Feld bewegen.

Dies alles wusste Lewin noch nicht, aber er ahnte es. Sein Interesse galt zunächst dem erlebnismäßig strukturierten Raum, den er später als »Lebensraum« bezeichnet und den er durch eine Nachzeichnung der in ihm wirkenden Druck- und Zugkräfte genauer bestimmen will. Dabei gilt, dass der Lebensraum nicht durch objektiv gegebene Kräfte allein geprägt ist, sondern dass er vom Betrachter selbst aktiv strukturiert wird. Die Kompassnadel ist also – um im Bild zu bleiben – selbst aktiv.

»Erlebnismäßig strukturiert« meint also, dass der Raum nicht etwas »objektiv« Gegebenes ist, sondern zum Teil vom Betrachter selbst erschaffen wird. Lück vermutet, dass Lewin hier an Vorstellungen Wlassaks (1892) anknüpft, der in einer Arbeit über die »Psychologie der Landschaft« meinte, beim Betrachten einer Landschaft sei das psychische Gesamterleben des Betrachters ausschlaggebend: »Das Selbst des Betrachters werde in die Landschaft hineingetragen, und es erfolge eine entsprechende Auslese der Teile, die sich zu einem Bild zusammenfügen« (Lück 1996, S. 21).

Mit seiner Beschreibung der Veränderung der Wahrnehmung einer Landschaft durch den gefechtsfeldzentrierten Blick des Soldaten zeigt Lewin, wie bestimmte Einstellungen und Interessen dazu führen, dass wir Landschaften, Personen und Gegenständen unterschiedliche Bedeutungen geben. Für unseren Zusammenhang, nämlich die Frage, wie sich Kreative Felder erzeugen lassen, ergibt sich also die Einsicht, dass die Wahrnehmung des Feldes nicht »objektiv« gegeben ist, sondern von der Einstellung des Betrachters abhängt, von der Art und Weise, wie er sein »Selbst« in die Landschaft einbringt. Die Landschaft ist also immer erlebte Landschaft. Mit anderen Worten:

Ob ein Feld für die Entfaltung meines kreativen Potenzials günstig ist, hängt nicht nur von der gegebenen Struktur des Feldes ab, sondern auch von der Art und Weise, wie ich mir das Feld erschließe.

Oder anders ausgedrückt: auf welche spezifische Weise ich das Bild der Landschaft persönlich akzentuiere. Sowohl in mir als auch in der Landschaft liegt eine unerschlossene Potenzialität von Möglichkeiten, die erst dadurch real wird, dass ich mich für eine besondere Wahrnehmung entscheide oder eine bestimmte Wahrnehmung an mich herangetragen wird. Die Art und Weise, wie ich mein Selbst in die Betrachtung der Landschaft einbringe und sie damit strukturiere, sagt etwas darüber aus, inwieweit ich in der Lage bin, meinen kreativen Spielraum auszunutzen.

Kreative Teams sind durch Anregung und Austausch in der Lage, besondere Zugänge zu Feldern zu bekommen, ihnen einen besonderen Sinn zu geben und gestalten so ganz neue Landschaften.

Die Beschreibung des »Lebensraums« bei Lewin

Durch meine spezifische Art der subjektiven Wahrnehmung erschaffe ich mir meinen Lebensraum, so ein Schlüsselbegriff Lewins. Wie kann nun der Lebensraum so beschrieben werden, dass die Muster unserer persönlichen Wahrnehmungsakzentuierungen nachvollziehbar werden? Lewin weist hier auf die Schwierigkeiten hin, einen wissenschaftlichen Zugang zu gewinnen, der hinreichend aussagekräftig ist: »Die [...] besten Situationsbeschreibungen finden wir bei Dichtern wie etwa Dostojewski. Hier ist vor allem das erreicht, was bei allen Durchschnittscharakterisierungen notwendigerweise fehlt, nämlich eine hinreichend eindeutige Bestimmung, wie die verschiedenen Fakten, die in der Umwelt der betreffenden Person vorkommen, zueinander stehen, wo sich die Person selbst innerhalb dieser Situation befindet, und was ihre psychologische Beziehung zu den verschiedenen Gebilden ihrer Umwelt ausmacht« (1936, zitiert nach Lück 1996, S. 46).

Lewin versuchte, diesem Mangel abzuhelfen, indem er eine »topologische« Darstellung des Lebensraums erfand. Er benutzte dazu die sogenannte Jordankurve (ovale begrenzte Fläche). Die Abbildung zeigt den Lebensraum dargestellt durch die Jordankurve mit Person P. Regionen des Lebensraums sind versehen mit positiven und negativen Valenzen. Ein unzugänglicher Bereich des Lebensraums ist schraffiert dargestellt.

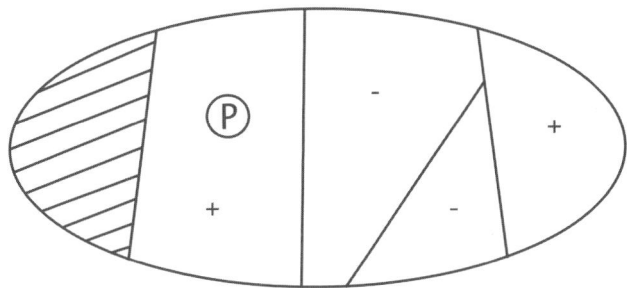

Lewins topologische Darstellung des Lebensraums nach Lück (1996, S. 51)

»Der durch die Jordankurve dargestellte Lebensraum umfasst die Person dargestellt als Punkt. Veränderungen im Lebensraum sind das Ergebnis von Feldkräften. Regionen des Lebensraums mit positiven Valenzen veranlassen die Person, diese Region als Zielregion anzustreben und dabei Regionen mit negativem Aufforderungscharakter zu meiden« (Lück 1996, S. 50).

Selbstbezug als wirksame Kraftquelle

Was bedeutet diese Lebensraumdarstellung für das Erschließen unseres kreativen Potenzials?

Kreativität findet in einem subjektiv strukturierten Lebensraum statt. Das heißt: Wir selbst stecken durch Bewerten und Setzen von positiven oder negativen Valenzen die Grenzen unserer Entfaltungsmöglichkeiten ab.

Diese Auffassung von der aktiven Gestaltung der Grenzen unseres Lebensraums scheint nicht nur allem zu widersprechen, was wir intuitiv vermuten, sondern setzt uns auch unter einen erheblichen

Druck: Wir sind in weiten Teilen selbst verantwortlich für die Umgebung, die wir uns schaffen. Viele Leserinnen und Leser werden dieser Auffassung Lewins vermutlich widersprechen. Solchen Skeptikern empfehle ich, sich einmal mit dem Lebenslauf Charlie Chaplins auseinanderzusetzen.

🔍 Charlie Chaplin und die Kraft der Vision

Ohne Vater und in erdrückenden materiellen Verhältnissen aufgewachsen, gelang es Chaplin schon als Kind, eine rettende Vision zu entwickeln und sich nach und nach die Umwelt zu schaffen, die er benötigte, um sein Talent zur Entfaltung zu bringen. Es wäre ein lohnendes Unterfangen, eingehender zu verfolgen, welche »Valenzen« des Feldes auf der einen Seite und welche inneren Zustände auf der anderen Seite Chaplin dazu befähigten, seine Umwelt und sein Schicksal anders wahrzunehmen als seine Mitmenschen (phänomenologischer Aspekt); sich aufgrund seines besonderen Blickwinkels ein eigenes Umfeld zu schaffen (Veränderungsaspekt) und aus dem Selbstbezug heraus Kraft zu schöpfen (Selbstbezug).

Eine solche Untersuchung, so meine These, würde zeigen, dass ähnlich wie bei Frommermann am Anfang die Entdeckung einer eigenen Begabung steht, die sich aber erst durch die erfolgreiche Suche nach den geeigneten Synergiepartnern entfalten kann.

Chaplin war wie Frommermann ein Kristallisationskern, der durch den Glauben an seine innere Berufung – auch unter widrigsten Bedingungen – Partner anzog. Steve Jobs beharrte als technischer Laie auf seinem Traum vom Personalcomputer und begeisterte mit dieser Idee Synergiepartner, die aus seiner Idee den Macintosh entwickelten. Die Beatles probten mit einer armseligen technischen Ausstattung in schmuddeligen Kellern Liverpools und verfügten nur über rudimentäre musikalische Kenntnisse. Und doch »groovte« es in ihnen, in ihrer Vision. Sie beharrten auf ihrer größenwahnsinnig anmutenden Idee und schufen so ein innengeleitetes Anziehungs- beziehungsweise Resonanzfeld, das ungeahnte Kräfte freisetzen sollte. Dies alles war nicht zuletzt auch dadurch möglich, dass sie im Kontakt mit sich selbst waren. Wir wissen aus der Führungsforschung (Gardner 1997), dass Selbstähnlichkeit ein Erfolgsgeheimnis charismatischer Führer ist. Wenn ich meine innere Berufung erkenne und sie glaubwürdig lebe, dann werde ich andere Personen anziehen, die ebenfalls auf der Suche nach Selbstähnlichkeit sind. Hierzu bedarf es biografischer Selbstreflexion, die deutlich machen kann, aus welchem Kontext meine »Lebensthemen«, mein persönlicher Mythos, meine »Leitmotive« oder »persönlichen Paradigmen« (Burow 1993) stammen. Es geht um die Erschließung des biografisch akzentuierten persönlichen Hintergrundes beziehungsweise Feldes, aus dem sich meine Kreativität speist. Mit der Offenlegung dieses Hintergrunds ergibt sich zugleich ein Weg zur Erschließung der Quellen meiner kreativen Potenziale. Mit Art-Coaching (www.art-coaching.org) haben wir ein Verfahren entwickelt, das es ermöglicht, das eigene Lebensskript, den persönlichen Mythos zu erschließen, also die Geschichte, mit der wir unserem Leben Sinn und Kohärenz verleihen.

Hierzu kann gehören, mir bewusst zu sein, dass jeder von uns über seine spezifische Stellung im Familienverband zum Träger generationenübergreifender Botschaften werden kann. Frank J. Sulloway (1999) etwa glaubt, anhand der Analyse Tausender Biografien nachweisen zu können, dass jüngste Geschwister besonders kreativ sein müssen, weil sie in ein von den älteren besetztes Feld hineinwachsen. Vielleicht habe ich also im Familiensystem eine besondere Rolle eingenommen und führe Aufgaben weiter, die beispielsweise mein Großvater nicht erfüllen konnte. Vielleicht sind wir also in diesem Sinne Träger von Aufgaben, die aus einem übergreifenden Hintergrund stammen. Es könnte sein, dass diese historischen Systeme im Sinne einer metabiologischen Evolution über Familienbotschaften und Erziehungsmechanismen weiterwirken. Mit dem Bewusstwerden dieses aus der Vergangenheit in meine Gegenwart wirkenden biografischen Feldes eröffnet sich für mich ein Spielraum zu entscheiden, ob ich die »Aufträge« erfüllen oder einen anderen Weg wählen möchte.

Auch wenn es auf den ersten Blick wenig plausibel erscheinen mag, Mangelsituationen beschränken nicht zwangsläufig die Entfaltung unseres Potenzials. Sie können auch ein sehr fruchtbarer Ansporn sein und verborgene Kräfte in uns freisetzen. Vor dem Hintergrund meiner bisherigen Überlegungen ist ein Grund dafür auch klar: Mangelsituationen sind so etwas wie freie Räume, die Kreativität geradezu herausfordern. Auf der anderen Seite folgt aus vermeintlich optimalen Rahmenbedingungen noch keineswegs, dass sich hier in besonderer Weise Kreativität entfaltet. Entscheidend ist vielmehr, in welcher Weise ich mit den gegebenen Bedingungen umgehe, wie ich sie bewerte und wie weit es mir gelingt, günstige Felder zu erschließen.

Wie Goleman (1997) gezeigt hat, spielt hier die »emotionale Intelligenz« eine entscheidende Rolle, also die Frage, wie ich die Felder, in denen ich mich bewege, bewerte und als Antriebskräfte nutzen kann. Eine besonders wirksame Kraft ist dabei die Übereinstimmung mit mir selbst. Selbstbezug beziehungsweise Kohärenz kann als eine der wichtigsten Antriebskräfte für die Selbstentfaltung betrachtet werden. Wenn ich mit den in mir wirkenden Kräften übereinstimme, entwickle ich eine Energiekonzentrierung, die auf die im Feld wirkenden Kräfte Einfluss hat, indem sie Resonanz bewirkt oder »emotionale Ansteckung«.

Kreative Felder sind in diesem Sinne Resonanzfelder, in denen sich die Kräfte der Einzelnen gegenseitig verstärken.

Die Entwicklung einer überzeugenden persönlichen Zukunftsvision kann – wie wir am Beispiel Harry Frommermanns gesehen haben – eine der wirksamsten Möglichkeiten sein, um dem Feld seinen eigenen Stempel aufzudrücken und sich – zumindest ein

Stück weit – von den deterministisch wirkenden Kräften zu befreien. Frommermanns Lage schien ebenso wie die Chaplins aussichtslos, und doch – oder gerade deswegen – gelang es beiden, das Feld als Möglichkeitsraum zu sehen und es mithilfe ihrer Visionen aktiv zu gestalten.

Die Vision wirkt als »Feldordner«, in dem sie die fragmentierten Kräfte der Einzelnen auf die Verwirklichung eines gemeinsam geteilten Ziels ausrichtet. Günstige Umstände mögen beiden hilfreich gewesen sein, doch ohne Vision hätten sie diese nicht nutzen können. Mit unserer Vision schaffen wir Anziehungspunkte im gesellschaftlichen Feld für uns selbst und für mögliche Synergiepartner. Wir bringen gewissermaßen Anziehungskräfte ins Spiel, die nicht nur bewirken können, dass wir für uns neue Möglichkeiten entdecken, sondern auch dazu beitragen können, dass wir von einer unbeachteten Person zu einem Kristallisationskern im Feld werden. Die Vision kann so zu einer Art positiver Selffulfilling Prophecy werden, zu einem »Schopf«, an dem wir uns aus dem »Sumpf« ziehen.

Lebensraumdarstellung: Das Feld meiner Möglichkeiten

Um in diesem Bereich mehr Bewusstheit zu entwickeln, kann es in Analogie zu Lewins Jordankurve hilfreich sein, von Zeit zu Zeit den eigenen Lebensraum zu skizzieren. Dadurch erhält man ein topologisches Analyseinstrument, mit dessen Hilfe man sich klarer darüber wird, in welchen Räumen man sich bewegt, welche Bewertungen man vornimmt und welche Räume man als unerreichbar einschätzt; auf welche Weise ich also meinen Lebensraum begrenzen oder erweitern kann.

In Seminaren haben wir – zunächst ohne die Lewinsche Darstellung zu kennen – in Anknüpfung an Morenos Soziogramm und an Mindmap-Darstellungen (Buzan/Buzan 2005) versucht, Lebensräume von Seminarteilnehmern grafisch zu erfassen, und dabei die Erfahrung gemacht, dass diese vergleichsweise einfachen Verfahren gut geeignet sind, Bewusstheit über die eigene Verortung im sozialen Raum zu erhalten und darüber hinaus Hinweise auf diejenigen Bereiche zu erhalten, die man gezielt entwickeln möchte. Oft wird den Teilnehmern bei der Skizzierung der eigenen Lebensraumkonstruktion bewusst, inwieweit sie sich von wichtigen Zielen entfernt haben. Indem sie eine größere Bewusstheit über ihren persönlichen Lebensraumentwurf erhalten, können sie darüber nachdenken, ob sie wichtige Aspekte übersehen haben oder neue Akzente setzen wollen. Viele entdecken ein Feld ungenutzter Möglichkeiten.

Welche Valenzen setze ich in meinem Umfeld?

In nachfolgender Abbildung stelle ich ein Beispiel dafür vor, wie man in Analogie zu Lewin die positiven, negativen und unerreichbaren Räume, die den eigenen Lebensraum kennzeichnen, verbildlichen kann. Jeder sollte seine eigene Darstellungsform finden. Wichtig ist nur, dass die gewählte Form geeignet ist, ein hinreichend differenziertes räumliches Bild des eigenen Lebensraums und der in ihm wirkenden Druck- und Zugkräfte zu liefern, mit dessen Hilfe man den Ist-Zustand oder den gewünschten Zustand oder das Zielfeld beschreiben kann. Zudem werden Sie noch eine weitere Darstellung kennenlernen, in welcher der eigene Lebensraum in Beziehung zu möglichen Synergiepartnern beschrieben wird (s. S. 193 ff.). Zunächst unterscheide ich hier die Darstellung sozialer Beziehungsfelder (Beziehungen zu Personen) und thematischer Zielfelder (Beziehungen zu Sachgegenständen).

Zur Zielklärung und Selbstanalyse kann es sinnvoll sein, entsprechende Darstellungen für die privaten und beruflichen Felder zu erstellen, in denen man lebt. Durch das Darstellen der positiven und negativen Valenzen sowie der unerreichbaren Räume können Sie eine größere Bewusstheit über Ihre Ist-Situation erreichen. Wenn wir uns an Lewins Darstellung des Lebensraums mithilfe der Jordankurve erinnern, dann können wir selbst unseren eigenen Lebensraum nach diesem Muster skizzieren.

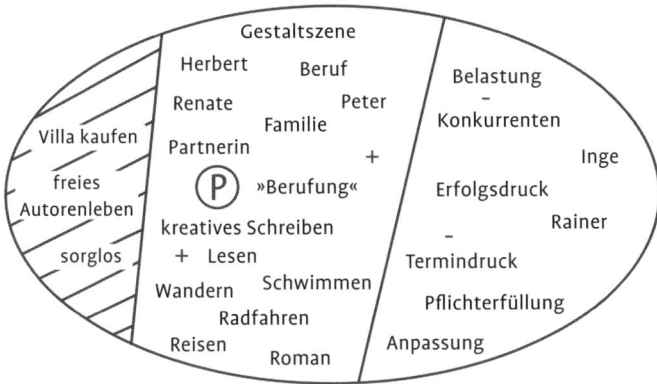

Lebensraum dargestellt durch die Jordankurve mit Person P. Regionen des Lebensraums mit positiven und negativen Valenzen. Ein unzugänglicher Bereich des Lebensraums ist schraffiert dargestellt.

Stufe 1: Mein »Lebensraum« im Hier-und-Jetzt

o Sortieren Sie den von Ihnen wahrgenommenen »Lebensraum« nach positiven, negativen und unerreichbaren Valenzen.
o Beantworten Sie die Frage: Welche Personen, Gegenstände, Aktivitäten und anderes mehr haben eine anziehende oder abstoßende Wirkung auf mich? Welche halte ich für unerreichbar?
o Nach dieser Grobsortierung ordnen Sie die einzelnen »Elemente« (Personen, Gegenstände, Aktivitäten und so weiter) räumlich so an, dass die Nähe zu Ihrer Person (P) ausdrückt, wie wichtig sie Ihnen sind.

Erläuterung zur Abbildung

Im Zentrum meiner Lebensraumskizze stehe ich als Person (P). Ich teile meinen Lebensraum in positiv (+) und negativ (-) besetzte Felder. In diese Felder schreibe ich diejenigen Personen oder Gegenstände, die einen positiven oder negativen Aufforderungscharakter für mich haben. Eine weitere Differenzierung ergibt sich dadurch, dass die räumliche Entfernung, welche die Personen oder Gegenstände zu mir (P) haben, etwas darüber aussagt, wie ich zu ihnen stehe. In dieser Abbildung bilden die Beziehungen zur Partnerin, zur Familie, zur eigenen Berufung und zum kreativen Schreiben den inneren Kern derjenigen Personen, Gegenstände oder Tätigkeiten, die mich besonders anziehen. Herbert, beispielsweise, ist ein Freund, aber Peter steht mir erheblich näher, deshalb ist er räumlich näher zu (P) angeordnet. Ich kann auch Gruppen um mich herum bilden und so feststellen, wie das Feld aufgebaut ist, in dem ich mich bewege und das ich zum Teil selbst gestalte.

Die schraffiert gekennzeichneten Bereiche halte ich im Moment für unerreichbar. Das müssen sie aber nicht bleiben. Hier ist der Bereich der persönlichen Vision zu verorten. Wie wir wissen, können Visionen erstaunliche Anziehungskräfte auf Personen und Gruppen ausüben. Kreative Persönlichkeiten zeichnen sich ja gerade durch ihre visionären Fähigkeiten aus, die sie erst zu Kristallisationskernen im Feld werden lassen. Insofern ist der für unerreichbar gehaltene Bereich meiner Sehnsüchte und Wünsche eine wichtige Kraftquelle für die Erschließung des ungenutzten kreativen Potenzials in mir und im Feld.

Zur Illustration, wie folgenreich sich schon frühe intuitive Lebensraumdarstellungen eines Schülers auswirken können, soll eine Äußerung des Filmemachers Werner Herzog über seine Schulzeit dienen: »Ich war sehr unglücklich in der Schule, wirklich sehr unglücklich. Auch die Art, wie Literatur betrieben wurde, habe ich mit solchem Abscheu gehasst, dass ich es bis heute nicht fertiggebracht habe, den Faust zu lesen. Bis heute nicht. Zum Glück ist die Schule, also die letzten zweieinhalb Jahre, fast völlig an mir vorbeigegangen, weil ich nämlich Geld verdienen wollte, um Filme machen zu können. Ich wusste, ich muss selber produzieren, ich würde nie einen Film machen können, weil ich überall hinausgeworfen wurde. Und von Zuhause hatte ich nichts, wir waren sehr arm. Ich habe dann nachts in einer Stahlwarenfabrik gearbeitet. Auch während des Abiturs habe ich übrigens gearbeitet. Und das wurde auch respektiert. Die meisten Lehrer haben gemerkt, irgendetwas stimmt mit dem nicht ganz. Aber lassen wir ihn besser in Frieden« (Guntern 1996, S. 60).

Herzog hat den Bereich der Schule überwiegend mit negativen Valenzen versehen, während die Vorstellung, Filme zu machen, die stärkste positive Valenz war. Gleichzeitig lag sie aufgrund seiner materiellen Lage im Bereich des Unerreichbaren. Doch seine Vision war so stark, dass das scheinbar Unerreichbare Wirklichkeit wurde. Interessant ist in diesem Zusammenhang, dass die Lehrer ihn mit ihren Themen nicht erreichen konnten. Mit anderen Worten: Wenn wir gemeinsam lernen wollen, dann müssen wir unsere impliziten Lebensentwürfe berücksichtigen. Die beste Didaktik nützt nichts, wenn der Gegenstand vom Lernenden aus welchen Gründen auch immer mit negativen Valenzen versehen ist.

Erfolgreiches Lehren und Führen setzt also voraus, wirkungsvoll positive Valenzen in die Lebensraumentwürfe der Mitarbeiter einbringen zu können.

Stufe 2: Mein »Lebensraum« aus der Perspektive anderer

Die gezeigte Lebensraumdarstellung beschreibt mit ihren Bereichen die in diesem Augenblick von mir wahrgenommenen persönlichen Beziehungen zu Personen und Gegenständen. Sie ist ein subjektiver Entwurf der von mir im Hier-und-Jetzt wahrgenommenen Situation. Wer mich kennt und von außen betrachtet, könnte einen ganz anderen Eindruck haben. Insofern kann es interessant sein, wenn man Partner, Freunde oder Bekannte darum bittet, ihre Sicht meines Lebensraums zu skizzieren. Hierdurch kann ich Aufschluss über Wahrnehmungsverzerrungen und blinde Flecken erhalten.

Stufe 3: Mein »Wunsch«- oder »Ziel-Lebensraum«

Nachdem ich die von mir wahrgenommene Hier-und-Jetzt-Situation skizziert habe, kann ich überprüfen, inwieweit ich mit den derzeit von mir vorgenommenen Bewertungen zufrieden oder unzufrieden bin. Eine Möglichkeit, mit der wir in Zukunftswerkstätten und Zukunftskonferenzen arbeiten, besteht darin, eine Fantasiereise in mein Leben der Zukunft zu unternehmen. Ich stelle mir vor, wie mein Lebensraum aussehen könnte, wenn er sich nach meinen Wunschvorstellungen entwickelt. Wie würde sich die Anordnung der Personen, Gegenstände oder Aktivitäten ändern? Wie würde ich sie umgruppieren und welche veränderten Valenzen würde ich setzen? Bei dieser Übung ist es wichtig, sich vorzustellen, alles sei möglich. Der Zukunftsforscher Robert Jungk wies mich in einem Gespräch auf die fantasietötende Wirkung der »Verwirklichungsschere« hin, die wir alle im Kopf tragen.

Diese Darstellung meines erträumten Lebensraums kann ich nun mit meiner Darstellung des Ist-Zustands vergleichen und mir überlegen, was ich tun will, um meiner Vision näherzukommen.

Stufe 4: Lebensraumdarstellung als Tage- und Drehbuch

Wenn man Lewin und manchen Vertretern des Konstruktivismus folgt, dann sind wir zumindest in Teilen Regisseure unseres Lebens. Wir schreiben das Drehbuch unseres Lebens über weite Strecken selbst und zwar in Form eines »Persönlichen Mythos« wie Dan P. McAdams (1996) herausgearbeitet hat. Der Persönliche Mythos ist die Geschichte, die wir uns und anderen über uns erzählen, mit der wir unserem Leben Sinn und Kohärenz verleihen wollen. Es handelt sich um einen Mythos, weil wir versuchen, diese Geschichte stimmig zu erzählen, auch wenn unsere Wirklichkeit ganz anders aussehen mag. Mit dem persönlichen Mythos formen wir das Selbstbild, das wir gegenüber uns und anderen von uns verbreiten möchten. Im Buch »Positive Pädagogik« (Burow 2011, S.217–220) finden Sie einen von uns modifizierten Leitfaden, mit dem Sie Ihren »Persönlichen Mythos« herausarbeiten können.

Mit der von uns entwickelten Lebensraumdarstellung eröffnen wir die Möglichkeit, eine stärkere Bewusstheit über die von uns gewählte Dramaturgie unseres Lebens zu erhalten. Ein vergleichsweise unaufwendiges Instrument dazu besteht darin, in Abständen von sechs bis zwölf Monaten die Hier-und-Jetzt- sowie die Wunschdarstellung zu wiederholen. Ich erhalte so eine Art Tagebuch und kann verfolgen, wie sich meine Vorstellungen unter dem Druck der Umstände verändern. Ich kann die Bewegungen nachzeichnen, die ich in meinem soziokulturellen Umfeld beschreibe. Mit der Zeit kann ich so regelmäßige Muster und Themen meiner Lebensgestaltung erkennen.

Mit der wachsenden Bewusstheit über meine Bewegungsrichtung in Raum und Zeit wächst die Chance, dass ich als bewusster Regisseur meiner Umstände eingreifen kann. Wie klein oder groß auch die Möglichkeiten bewusster Lebensgestaltung sein mögen, so erhalte ich doch auf jeden Fall mehr Transparenz über meinen Weg. Ich weiß so mehr über mein Ego und erkenne leichter, was für ein Team ich zur Ergänzung brauche.

Stufe 5: Der »Lebensraum« meines Teams

Wenn ich ein Kreatives Feld bilden will, um meine Möglichkeiten zu erweitern und ein Ziel zu erreichen, das mir allein verstellt bleibt, dann kann es sinnvoll sein, den gemeinsamen Lebensraum zu erkunden. Da es sich hier um ein gruppendynamisches Verfahren handelt, können sich Spannungen und Verletzungen ergeben. Deshalb ist es sinnvoll, die Lebensraumklärung des Teams unter

Anleitung eines erfahrenen Moderators durchzuführen. Voraussetzung ist unbedingt die Freiwilligkeit der Teilnahme. Vor der Durchführung sollte man sich sehr klar darauf einigen, auf welche Bereiche oder Themen sich die Darstellung beschränken soll. In der Regel wird man sich auf aufgaben- oder projektbezogene Themen konzentrieren.

Mithilfe des Metaplan-Verfahrens (Visualisierung aller Themen auf farbigen Karten) kann man eine gemeinsame Lebensraumerkundung leicht umsetzen: Jedes Teammitglied erhält rote, grüne und gelbe Karten. Auf die grünen schreibt jeder seine positiven Valenzen, auf die roten seine negativen und auf die gelben die für unerreichbar gehaltenen Bereiche. Auf Packpapier ist eine ausreichend große Jordankurve mit den drei Zonen gemalt, und jeder Teilnehmer kann nun seine Karten entsprechend anordnen. Auf einen Blick erhalten alle Teammitglieder einen Überblick darüber, welche positiven und negativen Valenzen bezogen auf das gemeinsame Projekt im Team vorhanden sind.

In einer Diskussion kann man sich über die unterschiedlichen Ansichten austauschen, wobei es wichtig ist, jede einzelne gelten zu lassen. Daran anschließend kann man sich auf eine gemeinsame Darstellung der positiven, negativen und unerreichbaren Valenzen einigen. Man kann herausfinden, welche persönlichen Präferenzen jedes Teammitglied hat, und die zu leistenden Aufgaben den Personen zuordnen, die über entsprechende Fähigkeiten und Motivationen verfügen.

Stufe 6: Der Wunsch- oder Zielraum meines Teams

Analog zu dem eben beschriebenen Verfahren kann man mithilfe einer gemeinsamen Fantasiereise oder eines Brainstormings den Wunsch- oder Zielraum des Teams erheben: Wir stellen uns zunächst einzeln vor, wie unsere Teamarbeit aussehen würde, wenn es möglich wäre, sie optimal zu gestalten. Hierbei gibt es allerdings keine unerreichbaren Räume, sondern nur positive Valenzen. Diese Wünsche schreibt zunächst jeder für sich auf gelbe Karten. (Die Farbe Gelb soll den visionären Charakter symbolisieren, das heißt den schraffierten Bereich der Lebensraumdarstellung.) Im Anschluss daran findet ein dialogischer Austausch über die unterschiedlichen Vorstellungen statt, und es wird die gemeinsame Basis herausgearbeitet. Von dieser Basis aus treffen wir konkrete Projektvereinbarungen, denen sich dann die Teammitglieder zuordnen.

Frommermann kannte Lewin vermutlich nicht und hat seinen »Wunschraum« nicht mithilfe einer Lebensraumdarstellung gefunden. Er ist in der Auswahl der Ensemblemitglieder der Comedian Harmonists offenbar erfolgreich seiner Intuition und der seiner Kollegen gefolgt. Dabei gelang es ihm offenbar, mit der Auswahl aus der Vielzahl möglicher Mitglieder passende Anziehungskräfte wahrzunehmen und auf diese Weise ein für ihn förderliches Kreatives Feld zu schaffen.

Mithilfe der Intuition kartieren wir laufend unbewusst unseren Lebensraum, schaffen Nähe oder Abstand zu Personen und Gegenständen. Wie Gerd Gigerenzer (2008) gezeigt hat, ist unsere Intuition in vielen Bereichen ein erstaunlich zuverlässiges Entscheidungsinstrument. Wenn wir aber bewusste Weichenstellungen in unserem Leben treffen wollen, dann kann die bewusste Kartierung ein Instrument sein, um ein passendes persönliches Kreatives Feld zu formen, das uns hilft, unserer inneren Berufung näherzukommen und den Horizont unserer Entfaltungsmöglichkeiten zu erweitern.

Aus meiner eigenen Erfahrung weiß ich, dass Kartierungen eine nachhaltige Wirkung auf die Gestaltung des eigenen Lebenswegs haben können. Immer wieder bin ich überrascht, wenn ich in Tagebüchern auf alte Darstellungen stoße und feststelle, dass ich trotz vieler mühsamer Umwege mich am Ende doch meinem erträumten Zielraum angenähert habe. Offensichtlich graben sich solche klärenden Diagramme – auch wenn wir sie zunächst einmal vergessen – tief in das Unterbewusstsein ein und können gleichsam als mentale Hintergrundkartierung unsere Lebenswege wirkungsvoll beeinflussen.

Kartierungen sind mächtige Hilfsmittel, mit denen wir unsere meist zu wenig beachtete emotionale Intelligenz besser nutzen können.

Indem wir Personen und Aufgaben mit positiven oder negativen Valenzen auszeichnen, bekommen wir mehr Klarheit über unsere emotionale Befindlichkeit, die uns im Sinne einer emotional-intelligenten Kompassnadel Hinweise geben kann, ob wir uns in einer Richtung bewegen, die unserer Entfaltung dient oder eine Blockierung bei uns bewirkt.

Wenn ich schon vor 15 Jahren mehr über die Einsichten gewusst hätte, die sich aus den Feldtheorien ergeben, vielleicht wäre mein Lebensweg angenehmer und weniger anstrengend verlaufen; ja, vielleicht hätte ich mir völlig andere Felder erschließen und interessante Beziehungen aufbauen können.

Mithilfe von persönlichen Feldkartierungen werden mir die Wirkkräfte bewusster, die meinen Lebensraum beeinflussen, und ich kann im Sinne von Sternbergs bereits erwähntem Konzept der Erfolgsintelligenz (s. S. 51) nach analytischen, kreativen oder praktischen Möglichkeiten suchen, diese Kräfte in meinem Sinne zu beeinflussen. Eine solche Darstellung kann durchaus einen schockierenden Effekt haben, etwa wenn ich mich in einer Radikalität, die ich normalerweise scheue, mit meiner augenblicklichen Lage konfrontiere. Vielleicht erkenne ich, dass ich mich in einem eingeengten Lebensraum ohne lohnende Perspektiven befinde. Doch aus dieser Konfrontation wächst erst die kreative Spannung, mich auf meine neuen Ziele zu besinnen. Sie kann Energien freisetzen, mein Verhalten zu ändern und/oder aktiv neue Umgebungen zu suchen oder zu gestalten, die meinem inneren Anliegen eher gerecht werden. Die Lebensraumdarstellung kann so zu einem wichtigen Orientierungs- und Selbstfindungsinstrument werden, das mir die Chance eröffnet, zum Regisseur meines Lebens zu werden, indem ich mir das Feld schaffe, das zu mir passt.

Transfer

- Beschreiben Sie Ihren aktuellen Lebensraum. Benutzen Sie eine Jordankurve. Tragen Sie Anziehungs- und Abstoßungskräfte und unerreichbare Bereiche ein.
- Das entstandene Schaubild bildet ihre persönliche Strukturierung ab. Sind Sie mit dem von Ihnen gewählten Lebensraum zufrieden?
- Gibt es Bereiche, in denen Sie Grenzerweiterungen oder Grenzüberschreitungen vornehmen wollen?
- Stellen Sie sich vor, alles wäre möglich und Sie könnten ihre Träume und Wünsche leben: einem Lebensraum, der ganz individuell von Ihnen gestaltet und von Ihrer Persönlichkeit geprägt ist. Skizzieren Sie Ihren Wunschraum.
- Vergleichen Sie den aktuellen und den gewünschten Lebensraum. Wo sind sie deckungsgleich, wo gibt es Abweichungen?
- Markieren Sie die Bereiche, in denen Sie Veränderungen vornehmen möchten. Beschreiben Sie einen konkreten Schritt in Richtung auf Ihren »Wunschraum«, den Sie sofort einleiten können.
- Suchen Sie sich Partner, mit denen Sie Ihren Wunschraum gestalten können.

Wie ich meine Umwelt bewerte

Ganz im Sinne des Kurt Lewin zugerechneten Ausspruchs »Nichts ist praktischer als eine gute Theorie« möchte ich nun weitere Möglichkeiten anregen, wie man einige Aspekte seiner Feldtheorie bei der Analyse des eigenen kreativen Potenzials nutzen kann. Dabei wird es vor allem darum gehen, typische Selbsteinschränkungsmuster zu beachten, wie wir sie etwa in Form negativer Glaubenssysteme kennen. Da es mir hier nicht um eine Weiterentwicklung der Feldtheorie im streng wissenschaftlichen Sinn geht, sondern um eine pragmatische Nutzung der mit ihr verbundenen Perspektiverweiterung, verzichte ich auf eine Problematisierung der Kontroversen um diese Theorie. Worin liegen nun mögliche Nutzanwendungen?

Interessant für unsere Fragestellung ist die Idee Lewins, dass das Verhalten zumindest in Teilen zugleich auch eine Funktion der Felder ist, die wir konstruieren beziehungsweise in denen wir uns bewegen. Zentral ist – wie wir gesehen haben – das Konzept des erlebnismäßig strukturierten Lebensraums. Die Umgebung, der eine Person ausgesetzt ist, hat für Lewin einen »Aufforderungscharakter«. Sie besteht aus »Valenzen«, also Wertigkeiten, Präferenzen, Bedeutungen, Anziehungs- und Abstoßungskräften. Dabei ist es wichtig, festzuhalten, dass sich die Stärke der Valenzen aus biografisch fixierten Wahrnehmungs- und Verhaltensmustern, aber auch den momentanen Bedürfnissen der Person sowie den Bedingungen des Umfelds bestimmen. Die gleiche Situation kann zu unterschiedlichen Zeiten völlig verschiedene Bedeutungen für uns haben.

Dies ist ein Grund, warum wir oft Entwicklungschancen, die für andere offen zutage liegen, nicht nutzen. Wir sind noch nicht soweit und wundern uns im Nachhinein, warum wir die Chance nicht ergriffen haben. Lück schreibt: »Man muss sich deshalb den Lebensraum des Individuums in steter Veränderung vorstellen: Einige Dinge gewinnen an Reiz, andere verlieren ihn; manche positiven Valenzen des Lebensraums sind nur zu erreichen, wenn Regionen mit negativen Valenzen durchschritten werden. So ist der akademische Grad (positiver Aufforderungscharakter) nur zu erreichen, wenn eine Region mit negativer Valenz (Arbeit und Entbehrungen im Studium) durchlaufen wurde« (1996, S. 45).

Ein Problem ist nun, dass die Wahl der Regionen, denen wir uns aussetzen, nur selten bewusst ablaufen dürfte, weswegen sich ja auch nicht wenige Personen als Opfer äußerer Umstände wähnen. Aus Sicht einer psychologischen Feldtheorie müssen wir dieser deterministischen Auffassung allerdings widersprechen. In Abhängigkeit vom aktuellen Erleben und von biografisch bestimmten Wahrnehmungsprägungen lassen wir uns aktiv von bestimmten Valenzen im Feld anziehen. Wir bilden »Gestalten«. Einzelne Dinge werden für uns Vordergrund, während der Rest des Feldes mehr oder minder belangloser Hintergrund bleibt. Wir selbst sind es, jedenfalls in weiten Bereichen, die den Raum erlebnismäßig strukturieren.

Insofern sollte man sich von Zeit zu Zeit klar darüber werden, welchen Aufforderungscharakter die Felder haben, in denen wir uns bewegen, und welche Möglichkeiten wir durch unsere subjektiven Strukturierungen zulassen oder beschneiden. Gestaltpsychologie und Gestalttherapie haben herausgearbeitet, wie unsere individuell ausgeprägten Muster der Kontaktaufnahme und Kontaktunterbrechung unsere Wahrnehmung des jeweiligen Feldes bestimmen (Burow 1988; 1993).

In diesem Gestaltbildungsprozess kann es vielfältige Störungen geben, die wir bisweilen als Schaffens- und Kreativitätsblockaden schmerzhaft erleben, oder wenn wir zeitweilig kein anziehendes Thema entdecken, das wir zum Gegenstand unserer schöpferischen Tätigkeit machen können. Wir können den Aufforderungscharakter des Feldes nicht erschließen; vielleicht weil wir noch nicht in der richtigen Feldfrequenz mitschwingen. Jeder kreative Schaffensprozess ist von Momenten der Orientierungslosigkeit, der Suche nach anziehenden Valenzen durchzogen. Zum kreativen Prozess gehört das Zulassen und Aushalten dieser chaotischen Leerstellen, das Ertragen der eigenen Ungewissheit. Aber schwer zu ertragende Leerstellen erweisen sich andererseits häufig als entscheidende Wendepunkte.

Wie wir auch aus der Physik wissen, können komplexe Systeme im Gang ihrer Evolution ohne zeitweiliges Chaos keinen Zustand höherer Ordnung erreichen. Wir möchten uns verständlicherweise vor verunsichernden, unklaren Situationen schützen. Doch der Weg zur Kreativität führt immer durch Chaos, durch Phasen, in denen wir keine eindeutigen Valenzen setzen können und in denen wir auf der Suche nach geeigneten Feldern und Herausforderungen sind.

Wie ich die vier Konflikte erkenne, die meine Kreativität behindern

Da wir Unsicherheit und Chaos in der Regel zu meiden suchen, haben wir alle – Individuen und Organisationen – ein wirksames System von Abwehrroutinen aufgebaut, das darauf abzielt, den erreichten Status quo zu sichern und Anforderungen, denen wir nicht gewachsen sind, zu vermeiden.

Eine Überwindung solcher fixierten Verhaltensmuster führt uns fast immer in Konflikte zwischen verschiedenen Werten. Lewin hat eine eigene Konflikttypologie entworfen, die beschreiben soll, welche Barrieren die Zielerreichung im Feld schwierig machen. Demnach ergeben sich vier Grundkonflikte, die Einfluss auf die immer auch riskante Freisetzung von kreativen Potenzialen nehmen können.

1. Der Appetenz-Appetenz-Konflikt (+ +) Zwei annähernd gleichstarke Valenzen wirken auf die Person ein, etwa die Frage, ob man sich für eine sichere Beamtenlaufbahn entscheiden soll oder den riskanten Weg einer unsicheren, aber freie Entfaltung versprechenden Künstlerexistenz wählen möchte (anschaulich im Roman »Bye, bye Ronstein« (Johler/Olly 1995) dargestellt).

Transfer

- Beschreiben Sie Beispiele für diesen Konflikttyp aus Ihrem eigenen Leben.
- Beschreiben Sie die beiden Alternativen und stellen Sie sie einander gegenüber.
- Was spricht für Konfliktlösung A? Was für B? Sind diese Alternativen wirklich absolut separat zu sehen, oder gibt es eine Kompromisslösung?

2. Der Aversions-Aversions-Konflikt (--) Eine Entscheidung muss zwischen zwei negativen Valenzen getroffen werden. In der Regel versucht man, eine Valenz zu wählen, hinter der man das kleinere Übel vermutet.

Transfer

- Beschreiben Sie Beispiele für diesen Konflikttyp aus Ihrem eigenen Leben.
- Beschreiben Sie die beiden Alternativen und vergleichen Sie sie miteinander.
- Listen Sie die Nachteile von Konfliktlösung A und B auf. Sind diese Alternativen wirklich absolut separat zu sehen? Oder gibt es eine andere Lösung, auf die Sie bisher noch nicht gekommen sind? Sprechen Sie mit Außenstehenden darüber. Versuchen Sie, den Konflikt aus verschiedenen Blickwinkeln zu betrachten.

3. Der Appetenz-Aversions-Konflikt (+-) Lück (1996) nennt als Beispiel für diesen Konflikttyp: »Ein Kind möchte zum Beispiel einen Hund streicheln, vor dem es aber Angst hat, oder es möchte von einer Torte essen, was aber verboten worden ist.« Ein positiver und ein negativer Aufforderungscharakter wirken auf die Person gleichermaßen ein und bringen sie in ein Dilemma.

Transfer

- Beschreiben Sie ähnliche Konflikttypen aus Ihrem eigenen Leben, die Sie zurzeit beschäftigen.
- Welche positiven und negativen Valenzen wirken auf Sie ein? Beschreiben Sie diese Valenzen, und stellen Sie die entstehenden Listen gegenüber. Lassen Sie die Darstellung auf sich wirken.
- Gibt es Alternativen zu dem Dilemma? Wie würden Sie den Konflikt lösen, wenn alles möglich wäre? Was hindert Sie daran, diese Lösung zu realisieren? Welche Alternativen gibt es? Stimmt Ihre Konfliktbeschreibung?
- Sprechen Sie mit anderen darüber.

4. Der doppelte Appetenz-Aversionskonflikt (+ - + -) »Ein Junge möchte zum Beispiel vom Fünf-Meter-Brett springen. Springt er, bekommt er Anerkennung, hat aber den Mut für einen möglicherweise schmerzhaften Aufprall aufs Wasser aufzubringen. Springt er nicht, dann wird er möglicherweise ausgelacht, vermeidet aber auch den unangenehmen Sprung« (Lück 1996, S. 48).

Beide Entscheidungen enthalten positive wie negative Valenzen etwa gleicher Stärke.

Transfer

- Beschreiben Sie wieder ein konkretes Beispiel. Stellen Sie die positiven und negativen Valenzen der beiden Entscheidungsmöglichkeiten einander gegenüber und vergleichen Sie die möglichen Konsequenzen.
- Welche Grundannahmen stehen hinter den Bewertungen, die Sie vornehmen?
- Welche Alternativen gibt es?

Gerade das letztere Beispiel verdeutlicht, dass die Art des Konflikts davon abhängt, wie wir selbst das Dilemma konstruieren und in welchem Feld wir uns bewegen. Denn das jeweilige Dilemma ist nicht »objektiv« gegeben, sondern Teil der psychischen Umwelt, die wir uns in Teilen selbst schaffen. Trotzdem halten wir meistens daran fest, dass die Dilemmata, denen wir uns ausgesetzt sehen, objektiv gegeben sind, und suchen in fruchtloser Weise nach Sündenböcken. Dieses bewährte Vorgehen mag Entlastungsfunktion haben, doch hindert es uns an einer kreativen Bewältigung der jeweiligen Situation. Wir blockieren uns selbst mit dem Muster »Die-Umstände-sind-schuld« oder »Die-anderen-sind-schuld«. Wenn wir in solchen Entlastungsroutinen verfangen sind, machen wir uns nur selten klar, dass unsere Konstruktionen auf bestimmten, uns selbst einschränkenden Einschätzungen beruhen könnten.

Beispiel für eine kreative Konfliktlösung

Zur Veranschaulichung ein Beispiel: Vor einigen Jahren konnte ich beobachten, wie einige Männer auf einen etwa sieben Meter hohen Felsen an der kretischen Südküste geklettert waren. Sie hatten darum gewettet, wer sich wohl traue, über die Klippen hinweg ins Meer zu springen. Während einige anscheinend problemlos diese Prüfung überstanden und sich ohne großes Zögern in die Tiefe stürzten, sah man anderen die Angst und die Mühe an. Dennoch sprangen auch sie. Ein Mann durchbrach allerdings dieses Muster, indem er sich entschied, innerhalb seiner gewohnten Grenzen zu bleiben und den möglichen Spott der Zuschauer hinzunehmen. Er teilte uns mit, ihm mache dieser Sprung zu viel Angst, und kletterte den Felsen hinab. Und nun geschah genau das Gegenteil dessen, was zu erwarten war: Besonders die Frauen bewunderten seinen Mut, mit einem eingespielten männlichen Muster zu brechen und seine Angst zuzugeben. Die Situation, die man aus traditioneller Macho-Perspektive als peinliche Niederlage hätte beschreiben müssen, erwies sich jetzt als mutiger Durchbruch zu einem neuen Verhaltensmuster.

An diesem Beispiel lässt sich gut zeigen, wie sowohl die Konfliktwahrnehmung als auch die Konfliktlösung von der subjektiven Bewertung und der Bewertung durch das soziale Feld abhängen. Wie Gardner gezeigt hat, kann es also durchaus sein, dass irgendetwas, das zu einer bestimmten Zeit in einer bestimmten Gruppe als kreativ gilt, an einem anderen Ort zu einer anderen Zeit ganz anders gesehen wird.

Kreativität manifestiert sich also auch in der Fähigkeit, die Konflikte an der Grenze auszuhalten und allem gesellschaftlichen Druck zum Trotz seiner »inneren Stimme« zu folgen. In diesem Sinne muss man also »individualisiert« sein. Gleichzeitig bezieht man aber die Anregungen, denen die »innere Stimme« folgt, aus seinen biografischen und aktuellen soziokulturellen Hintergrundfeldern, und man benötigt Synergiepartner für den Kraftakt, sich in Gegensatz zu den herrschenden Auffassungen zu setzen. Die Entfaltung des eigenen kreativen Potenzials gelingt nur im geeigneten Feld.

Wenn man erfolgreiche kreative Schöpfungen untersucht, die wie Strawinskys »Feuervogel« oder Brechts »Dreigroschenoper« zunächst massiv bekämpft wurden, dann zeigt sich heute, dass es Kreative wagten, Grenzüberschreitungen vorzunehmen, die aber bereits von anderen »vorgedacht« waren. So bezog Frommermann seine Ideen für die Comedian Harmonists von der amerikanischen Vorläufergruppe, den Revellers.

Hat das Neue erst einmal einen ersten gesellschaftlichen Durchbruch erzielt, fühlen sich oft Nachahmer ermutigt, ebenfalls ihre innere Stimme zu artikulieren und somit den gesellschaftlichen Raum der Entfaltungsmöglichkeiten insgesamt zu erweitern. In diesem Sinne zielt der kreative Akt nicht nur auf einen individuellen Schöpfungsprozess ab, sondern auf eine soziokulturelle Grenzerweiterung insgesamt. Der soziale Lebensraum erweitert sich nicht nur für den Schöpfer, sondern auch für seine Adressaten und Epigonen.

Transfer

- Überlegen Sie sich konkrete Konfliktsituationen aus Ihrem Alltag und versuchen Sie, diese Situationen mit Lewins Konflikttypologie zu beschreiben.
- Versuchen Sie, wiederkehrende Muster, mit denen Sie Konfliktsituationen zu bewältigen suchen, zu beschreiben. Welchen Vor- beziehungsweise Nachteil haben Ihre Bewältigungsmuster? Inwiefern schränken Sie Ihren Lebensraum ein?

Kreativität erfordert Grenzüberschreitung

Kreativität findet an der Grenze statt, und Grenzen wollen überwunden sein. Persönliche Paradigmen beschreiben mächtige individuelle Grenzen, die allerdings eine soziokulturelle Basis haben. Die Kräfte des Beharrens und der Besitzstandsverteidigung sind stark und haben durchaus ihre Berechtigung. Kreativität ist ein Durchbruch zu einem neuen Raum. Nun sind solche massiven Durchbrüche eher selten, und wir entwickeln unsere Alltagskreativität aus guten Gründen oft in kleinen, unspektakulären Schritten. Was »Genies« oder geniale Teams dagegen auszeichnet, sind radikale Neuanfänge. Sie scheuen die Erfahrung des Ungleichgewichts nicht, sondern suchen diese sogar bewusst auf. Schließlich wollen sie den radikalen Aufbruch zu neuen Räumen um fast jeden Preis.

Dabei stellt sich immer auch die Frage nach den Motiven, die den Kreativen zu solch extremen Einsätzen treiben. Nicht von ungefähr spricht ja der Volksmund vom Zusammenhang zwischen Genie und Wahnsinn. Könnte es nicht sein, dass allzu abrupte Vorstöße sowohl den Schöpfer als auch das Feld überfordern? Huldigt der Geniekult also dem fragwürdigen Ideal einer im Kern asozialen Kreativität? Sollten wir uns nicht auch aus diesem Grund von der naiven Bewunderung der Genies verabschieden?

Auf jeden Fall sollten wir uns klarmachen, dass Grenzüberschreitungen nicht vorhersehbare Wirkungen auf unser Selbst, aber auch unser soziales Umfeld zeitigen können. Wir verlassen das eingespielte Gleichgewicht und gehen das Risiko ein, uns neuen, unberechenbaren Zug- und Druckkräften auszusetzen. Es gehört zum Wesen eines kreativen Prozesses, dass er sich an den Extrem- beziehungsweise Grenzpunkten stabilisierter Felder abspielt und somit die auf Beharrung und Stabilität setzenden Gegenkräfte auf den Plan ruft. Oft sind Kreative über diese heftige Gegenreaktion erstaunt. Dabei sollten sie sich aber klarmachen, dass sie die Grenzgänger sind. Und gegen diese wurde in der Geschichte schon immer mit mehr oder minder massiver Gewalt bis hin zur physischen Eliminierung vorgegangen, denn Wandel produziert häufig Gewinner und Verlierer. Zwar enden kreative Vordenker heute nicht mehr wie einst Giordano Bruno auf dem Scheiterhaufen, doch kämpfen innovative Querdenker in vielen Unternehmen und Institutionen nicht nur mit massiven Widerständen, sondern erfahren darüber hinaus nur selten die ihnen gebührende Wertschätzung.

Obwohl unser Leben ohne permanenten Wandel nicht denkbar ist, wissen wir beispielsweise aus dem Bereich der Unternehmens- und Organisationsentwicklung, dass bis zu 70 Prozent aller Veränderungsprojekte am Beharrungsvermögen der Mitarbeiter scheitern. In vielen Fällen denkt sich die Führung ein aus ihrer Sicht faszinierendes Projekt aus, doch schon eine Hierarchiestufe darunter entsteht statt Begeisterung Widerstand. Ein Grund dafür besteht nicht nur darin, dass die Mitarbeiter häufig an der Entwicklung der neuen Zielvorstellung zu wenig beteiligt werden, sondern auch darin, dass radikaler Wandel erfordert, die eigene Komfortzone zu verlassen bei gleichzeitiger Ungewissheit, ob die Veränderung für einen selbst einen Vorteil bringt. Auf diese Weise entsteht eine »Transformationslücke«, die nur durch frühzeitige Partizipation aller Beteiligten und eine Berücksichtigung der entstehenden Ängste geschlossen werden kann. Wandel muss als Gewinner-Gewinner-Spiel organisiert sein, damit er auf allgemeine

Zustimmung trifft (Burow/Freiboth/Gottschalk 2015). Ein weitere Ursache für scheiternde Veränderungsprozesse liegt in der Unterschätzung des eigenen Beharrungsbedürfnisses: Soll der Wandel erfolgreich sein, müssen wir uns selbst ändern.

Ein Vorstoß zu neuen Räumen bedeutet immer auch, in unbekannte Landschaften vorzudringen, neue Aspekte unseres Selbst in die Betrachtung der Landschaft einzubringen. Wir durchlaufen widersprüchliche Phasen der Zerrissenheit, des Chaos – spüren aber auch eine beunruhigende, faszinierende Steigerung der Intensität unseres Erlebens, die Joachim Ernst Berendt anschaulich beschrieben hat: »Niemand hat den Raum, in dem Intensität geschieht, verständlicher erhellt als Pierre Teilhard de Chardin. Er gebrauchte das Bild des startenden Flugzeugs: Indem es seine Geschwindigkeit steigert, geht die Bewegung des Rollens in die des Fliegens über. Die Intensivierung schafft eine neue Qualität. Fliegen ist nicht nur einfach schnelleres und intensiveres, effektiveres Rollen. Es ist etwas anderes. Durch die Intensivierung überschreiten wir – auch dies ein Bild von Pierre Teilhard de Chardin – eine Schwelle, wir treten in eine andere Dimension, was auch quantenphysikalisch verstanden werden kann. »Natura non facit saltus« haben wir früher geglaubt. Die Natur springt nicht. Heute wissen wir: Sie springt nur. Das ist der eigentliche Sinn des Vermehrens von Intensität zum Beispiel von Geschwindigkeit, Kraft, Lautstärke, persönlichem Engagement, Emotion: nicht einfach nur ein Mehr, sondern das Mehr als Medium, um eine Schwelle zu überschreiten. Einen anderen Raum zu betreten. Eine neue Dimension zu gewinnen« (Berendt 1996, S. 310).

Diese neue Dimension kann auch als ein Wechsel des persönlichen Paradigmas oder als das Entdecken eines für mich geeigneten Kreativen Feldes beschrieben werden. Allerdings müssen wir uns klarmachen, dass der Kreative in einer anderen Rolle als der Passagier eines Linienfluges ist: Er benutzt keine bewährte und sichere Technik, sondern er erfindet das Fliegen und es ist bei solchen Erfindungen keineswegs sicher, ob sie gelingen.

Der Pionier des Fliegens, Otto Lilienthal, bezahlte seinen Versuch, neue Räume zu erschließen, mit dem Tod. Wahrscheinlich macht die extreme Herausforderung beim Betreten neuer Räume einen wesentlichen Anreiz für kreative Unternehmungen aus. Oft geht es buchstäblich um alles: um die Eroberung eines neuen Raums und die damit verbundene grandiose Anerkennung oder den Sturz in den Abgrund des Nichts.

Eine britische Untersuchung aus dem Jahr 1994 (DER SPIEGEL 32/1997, S. 162) kommt zu dem Ergebnis, dass 95 Prozent der genialen Wissenschaftler, Künstler, Politiker, Maler, Musiker, Schauspieler und Schriftsteller, die in den letzten 200 Jahren gelebt haben, psychische Störungen hatten. Auch wenn man den Krankheitsbegriff dieser Untersuchung anzweifeln könnte und es inzwischen Untersuchungen gibt, die diese These relativieren oder ihr sogar widersprechen, so scheint doch aus der Perspektive einer Feldtheorie die Hypothese plausibel zu sein, dass herausragende Kreative zumindest gefährdet sind: Sie begeben sich innerhalb des gesellschaftlichen Feldes in Extremsituationen, die wir »Normalbürger« aus guten Gründen zu meiden suchen. Auch dies ist ein wichtiger Grund dafür, Neuland nicht allein, sondern im Team zu erkunden, denn wer Neues will, braucht Unterstützung.

In einer ausgeglichenen Mittelposition im Feld, etwa als gut versorgter Beamter, kann man zwar kaum fabelhafte Gipfelerlebnisse erwarten, aber der Lebensverlauf scheint berechenbar zu sein. Wahrscheinlich werden nur Personen mit einem besonderen psychischen Profil von außergewöhnlichen Herausforderungssituationen angezogen. In der Regel dürften ihnen die Motive, die sie nach solchen Extremerfahrungen streben lassen, verborgen bleiben. Wahrscheinlich ist, dass ihnen aufgrund besonderer Kindheitserfahrungen, gesundheitlicher Beeinträchtigungen oder besonderer Entwicklungsbedingungen und Talente meist gar keine andere Wahl bleibt, als sich Extremsituationen auszusetzen.

Doch ich möchte Sie beruhigen: Die Erschließung des eigenen kreativen Potenzials ist nur selten mit derartig existenziellen Begleitumständen verbunden. Und schließlich haben wir uns ja vom Modell des einsamen Genies verabschiedet und wissen, dass es angenehmere und gesündere Wege gibt, seine Kreativität zu entfalten, etwa wenn man aktiv daran arbeitet, sich unterstützende Bedingungen zu schaffen, um gemeinsam Team-Flow zu erfahren.

Der Mythos vom einsamen Genie verdeckt die banale Tatsache, welche der Glücksforscher Csíkszentmihályi anhand der Befragung von Tausenden von »Normalbürgern« herausgefunden hat: Kreativität ist ein »normales«, alltägliches Phänomen, das – unter bestimmten Bedingungen – jeder von uns erfahren kann. Umso besser, wenn wir über eine Gruppe oder ein Team verfügen, das uns bei der Erkundung des Neuen nicht nur stützt und unseren Horizont sowie unserer Möglichkeiten erweitert, sondern auch die beglückende Erfahrung gemeinsamen Schöpfertums ermöglicht.

Transfer

- Zu welchen Grenzüberschreitungen sind Sie bereit, und in welchen Bereichen?
- Worin besteht der mögliche Gewinn, worin der Preis?
- Wie wäre ein ideales Team zusammengesetzt, das sie bei der Realisierung ihrer Aufgaben oder Wünsche optimal unterstützt?

Möglichkeiten der Förderung persönlicher Kreativität

»Inmitten von Schwierigkeiten liegen günstige Gelegenheiten.«

Albert Einstein

Mithilfe von Lewins Feldtheorie erkennen wir, dass wir in Teilen selbst darüber entscheiden, welchen Lebens- und damit Möglichkeitsraum wir für uns konstruieren. Frommermanns geniale Idee bestand demnach darin, mit seiner Vision eines neuartigen Musikensembles seinen persönlichen Lebensraum zu erweitern. Diese Vision hatte angesichts seines bescheidenen musikalischen Könnens durchaus etwas Größenwahnsinniges. Aber gerade mit diesem übertrieben ehrgeizigen Ziel, gerade mit diesem Schuss Irrsinn (oder Irrationalität) schlug er andere in seinen Bann.

Der Managementforscher Warren Bennis (1998) zeigt in seiner Untersuchung genialer Teams, dass die Formulierung einer begeisternden Vision durch einen mitreißenden Initiator Ausgangspunkt für die Entstehung erfolgreicher kreativer Teams ist. Der Initiator muss nicht unbedingt über die handwerklichen oder sonstigen Fähigkeiten verfügen, um dieses Ziel zu erreichen. Seine Aufgabe ist es vielmehr, die nötige Visionsenergie zu mobilisieren. Kreative Querdenker können so nicht nur für sich selbst, sondern auch für die Personen, die sich von ihnen anziehen lassen, neue Lebensräume erschließen. Sie tun dies jedoch nicht allein. Ihre Vision wird nur durch die Auswirkungen des soziokulturellen Feldes realisierbar, das sie selbst mitschaffen. In wechselseitiger Anregung steigern alle Beteiligten ihre unterschiedlichen Fähigkeiten, die sie immer besser koordinieren und auf das gemeinsame Ziel ausrichten.

Ziel meiner Untersuchung ist es zu zeigen, wie es jedem von uns gelingen kann, besonders günstige Lebensräume in Form kreativer Felder zu finden oder zu schaffen.

Kreative Felder öffnen einen Ausweg aus der Sackgasse konkurrenzorientierter Individualisierung und lenken den Blick auf die Chancen kollektiver Kreativität. Sie bieten die Chance zur Freisetzung unerkannter kreativer Potenziale und die Möglichkeit gemeinsamen Wachstums.

Bevor ich mich mit der Frage der Schaffung Kreativer Felder beschäftige, möchte ich in diesem Kapitel zunächst auf die Förderung individueller Kreativität eingehen. Wie wir wissen, ist ein Training von »Kreativitätstechniken« fernab jeder konkreten Lebenspraxis in der Regel wenig sinnvoll. Dennoch gibt es eine Reihe von vergleichsweise einfach erscheinenden Einsichten, die uns Hinweise darüber geben, wie wir unsere individuelle Kreativität erweitern können. Ich werde hier in knapper Form einige Erkenntnisse darlegen, die aus der Analyse von Lebensläufen kreativer Persönlichkeiten gewonnen wurden, und sie mit eigenen Einsichten verbinden.

Unsere übertriebene Bewunderung herausragender Persönlichkeiten erweist sich – wie wir gesehen haben – oft als nachhaltige Hemmung, die eigene Kreativität zu entwickeln. Deren grandiose Leistungen scheinen uns zu bestätigen, dass wir selbst nicht kreativ sind oder dass solche Schöpfungsakte für uns unerreichbar sind. Natürlich kann niemand von uns allein durch einen Willensakt zu einem überragenden Künstler wie etwa Picasso oder Strawinsky werden; selbst dann nicht, wenn er sich ein optimales Synergiefeld organisiert hat. Aber dennoch stecken in jedem von uns unentdeckte Potenziale, die unter geeigneten Rahmenbedingungen freigesetzt, uns zur überraschenden Einsicht führen, dass in jedem von uns mehr steckt, als wir uns normalerweise zutrauen.

Die bisherigen Ausführungen sollten aber auch deutlich gemacht haben, dass auch »Genies« letztlich »nur mit Wasser kochen«. Csíkszentmihályi formuliert als Bilanz seiner Interviews mit 91 kreativen Persönlichkeiten folgende schlichte Erkenntnis: »Wie inzwischen klar sein dürfte, braucht man, um zur kulturellen Kreativität zu gelangen, Talent, Training und eine Riesenportion Glück. Ohne Zugang zu einer Domäne und ohne Unterstützung eines Feldes hat der Einzelne keine Aussicht auf Anerkennung« (1997, S. 489).

Das richtige Feld finden oder selbst formen

Wer diese Erkenntnisse realisiert, der kann sich immerhin damit trösten, dass mangelnde Anerkennung nicht ausschließlich auf ein Defizit an eigener Kreativität zurückgeführt werden muss, sondern dass hier auch eine Reihe von Umständen eine Rolle spielen, die man nur selten beeinflussen kann. Wie kein anderer hat Pierre Bourdieu mit seiner soziologischen Feldforschung (Bourdieu 1982) die gesellschaftlichen und kulturellen Faktoren untersucht, die darüber entscheiden, ob jemand anerkannt wird und sozial aufsteigt. Er hat insbesondere herausgearbeitet, dass neben der kaum zu beeinflussenden gesellschaftlichen Nachfragesituation auch der aufgrund der sozialen Herkunft ausgebildete »Habitus« eine zentrale Rolle dabei spielt, ob man Zugang zu einem bestimmten Feld und Anerkennung findet.

In meinem Körper sind alle meine Herkunftserfahrungen und meine Bildungsbemühungen verankert und formen eine differenzierte Gestalt, die unterschwellig wahrgenommen wird. Meinen Habitus kann ich nur eingeschränkt beeinflussen. Vertrackterweise ist der frühe Zugang zu günstigen Feldern eine wichtige Voraussetzung, um die eigene Kreativität optimal entfalten zu können. Wer etwa mit einer Privatbibliothek von 10 000 Büchern und in einer bestimmten familiären Tradition im Umgang mit Wissen und kultivierten Umgangsformen aufgewachsen ist, der hat in seinem gesamten Denken, Fühlen und Handeln Normen und Verhaltensweisen internalisiert, die wie ein Schüssel zu dem entsprechenden Feld passen. Was aber kann einer unternehmen, der nicht über diese exklusiven Voraussetzungen verfügt?

Es liegt auf der Hand, dass derjenige, der diese Voraussetzungen nicht mitbringt, ganz andere Hürden zu überwinden hat. Er muss Wahrnehmungs-, Denk- und Handlungsformen entwickeln sowie das nötige ökonomische, soziale und kulturelle Kapital ansparen, um sich einen Zugang zum erwählten Feld zu verschaffen. Allerdings können diese Hürden auch motivierend wirken. Die

Position des Ein-, Um- oder Aufsteigers muss nicht zwangsläufig ungünstig sein, weil gerade Außenseiter sehr viel schärfer wahrnehmen, wie verkrustet ein etabliertes Feld ist. Der Außenseiter ist zwangsläufig ein Grenzgänger zwischen den Domänen. Da aber innovative Durchbrüche vor allem an den Grenzen stattfinden, handelt es sich unter dem Gesichtspunkt der Kreativität um eine privilegierte Position.

In sozialer Hinsicht kann sie allerdings sehr belastend sein. Etablierte Felder besitzen in der Regel eine konservative Struktur und suchen im Sinne des Selbsterhalts und der Wahrung der eigenen Identität, aber auch der Privilegien kreative Außenseiter fernzuhalten. Insofern will der Kreative zwar in das jeweilige Feld, befürchtet aber zugleich, mit seiner Mitgliedschaft den Anpassungszwängen zu unterliegen und damit seine Kreativität opfern zu müssen.

Kreative Persönlichkeiten entgehen diesem Dilemma, indem sie auf ihrem Ego beharren, bewusst die Regeln verletzen oder selbst ein neues Feld mit eigenen Regeln begründen. Gemäß der Erfolgsformel »Kreativität gibt es nur im Plural« beharren sie auf ihrem unverwechselbaren Profil. Bourdieu beschreibt in »Homo Academicus« dies für den Hochschulbereich am Beispiel der Entmachtung der Philosophie durch profilierte Quereinsteiger in den 1960er-Jahren, die sich der Sozialwissenschaften und der Linguistik bedienten. Ähnliches erleben wir zurzeit in der Erziehungswissenschaft, wo die empirische Bildungsforschung die traditionelle Pädagogik zu verdrängen droht, obwohl ihre »evidenzbasierten« Erkenntnisse häufig auf verkürzten Zugängen beruhen und deshalb meist kaum mehr aussagen, als der durchschnittlich informierte Beobachter durch Nachdenken und Reflexion seiner eigenen Bildungs- und Erziehungserfahrungen herausfinden könnte. Doch darum geht es nicht: Diese Form der Forschung ist vor allem deshalb erfolgreich, weil sie der Angstabwehr dient und eine zahlenbasierte Entscheidungssicherheit vorspiegelt, die den Handelnden im Feld und den Entscheidern der Politik Gewissheit verspricht. Dabei ist in einer so offenen Domäne, wie sie Bildung und Erziehung darstellen, Gewissheit unmöglich, weil die Individuen allen Domestizierungsbemühungen zum Trotz widerständig sind und sich die Entwicklungsbedingungen permanent ändern.

Mit Csíkszentmihályi könnte man Bourdieu so ergänzen: Im Rahmen der kulturellen Evolution konkurrieren Meme-Produzenten (Meme sind menschliche Erfindungen vom Ziegelstein bis zur Psychoanalyse, die sich durch kulturelle Überlieferung »fortpflanzen«) in der Domäne des symbolischen Kapitals um Definitionshoheit, die sie durch spezifische Distinktionsstrategien zu erringen suchen. Hier gibt es Gewinner und Verlierer, jedenfalls solange die Fähigkeit zu syntopischer beziehungsweise dialogischer Kooperation noch nicht verbreitet ist.

Interessanterweise hat auch der Flow-Entdecker Mihály Csíkszentmihályi selbst die Außenseiterstrategie gewählt. Indem er nämlich eine neue Richtung der empirischen Sozialpsychologie definierte, die er als »Glücksforschung« bezeichnete, gründete er ein eigenes Feld, das er später mit dem Psychologen Martin Seligman unter dem Terminus »Positive Psychologie« erweiterte. Da er es aber vermied, seine Erkenntnisse in einem schwer verständlichen und nur wenigen Wissenschaftlern zugänglichen Fachchinesisch zu formulieren und statt dessen eine populärwissenschaftliche Darstellungsweise wählte, erreichte er nicht nur sehr viele Menschen, sondern vermehrte gleichzeitig mit seinem kulturellen Kapital auch sein soziales (das Feld der Synergiebeziehungen) und ökonomisches Kapital (verstanden als Verfügung über Besitz). Auf diese Weise akkumulierte er als Summe dieser Bemühungen ein so hohes Maß an symbolischem Kapital (laut Bourdieu die Verdichtung von kulturellem, sozialem und ökonomischem Kapital), dass ihn inzwischen die Fachwelt anerkennen muss.

Selbstähnlichkeit bewahren

Ein Mehr an symbolischem Kapital erwirbt man sich auch, wenn man zusätzlich zu erworbenen Titeln beispielsweise Mitglied eines Golfklubs wird und dadurch Zugang zu Kreisen erhält, von denen man im normalen Berufsleben ausgeschlossen ist. Allerdings sollte man sich durchaus klarmachen, dass exklusive Kreise über Strategien verfügen, sich »Aufsteiger« vom Halse zu halten. Als Punker muss ich mir vielleicht eine Glatze rasieren und mich piercen lassen. In einer ausgeflippten Kunst-Avantgarde-Szene müsste ich in fein nuancierten Botschaften zum Ausdruck bringen, dass ich nicht einfach ein Punker, sondern ein kreatives Genie bin.

Das Problem bei all diesen Versuchen der Anpassung an das jeweilige Feld ist, dass Insider schnell erkennen, ob das jeweilige Auftreten echtem Habitus entspricht oder nur oberflächlich angepasst ist. Wer sich solchermaßen habituell stylt, beschädigt seine persönliche Identität durch außengeleitete Anpassung.

Erfolgreiche Kreative zeichnen sich ganz im Gegenteil durch eine gewisse Unangepasstheit aus, insbesondere durch eine Übereinstimmung zwischen dem, was sie »predigen«, und dem, was sie »leben«. Selbstähnlichkeit und Selbstbezug sind wirksame Feldprinzipien, die über ein klar profiliertes Ego zum Erfolg beitragen.

Der befriedigendere Weg besteht darin, herauszufinden, welche Talente und Bedürfnisse mich wirklich bewegen, die innere Berufung also, das eigene Element – selbst wenn ich dafür auf Anerkennung verzichten muss.

Wer seine Kreativität entwickeln möchte, sollte deshalb nicht nur die Passung zwischen seinem Habitus und den Erwartungen des jeweiligen Feldes überprüfen, sondern sich zudem überlegen, welchen Preis er zu zahlen bereit ist, um die gewünschte Anerkennung zu erringen. Wer sein Ego der Anpassung opfert, ist nur selten ein guter Synergiepartner in einem kreativen Team. Es kann für das eigene Wohlbefinden günstiger sein, sich ein anderes Feld zu suchen oder Anerkennung in anderen Bereichen anzustreben, die besser zur eigenen Person passen und mit dem eigenen Habitus übereinstimmen. Viele originelle Persönlichkeiten sind an den Anpassungszwängen, denen sie sich in ihrem Streben nach Anerkennung aussetzten, zerbrochen. Vielleicht rührt hier ein Teil des Mythos vom einsamen Genie her, das von seiner Mitwelt verkannt und – wenn überhaupt – erst nach seinem Tod anerkannt wird.

Wer darunter leidet, nicht genügend Anerkennung zu finden, muss sich andererseits fragen, welchen eigenen Anteil er an der fehlenden Wertschätzung hat. Häufig korrespondiert die Kränkung durch das Zielfeld mit einer reaktiven Abwertung durch den Bewerber. Entweder steht er dem Feld und seinen Normen zwiespältig gegenüber, oder er versucht, die Kränkung dadurch zu verarbeiten, dass er die etablierten Mitglieder des Feldes als unkreative, verknöcherte Ignoranten betrachtet – was sie häufig auch sind. Doch ist diese unbewusste Einstellung eine äußerst ungünstige Voraussetzung, um die Mitglieder des Feldes davon zu überzeugen, man selbst sei ein den exklusiven Klub bereicherndes Mitglied. Oft fühlen sich die etablierten Mitglieder des Feldes – nicht zu Unrecht – von dem Kandidaten bedroht.

Kante zeigen

Dies gilt umso mehr, wenn es sich – wie etwa im Fall des Professorenstands – um ein Feld handelt, das sich Kleinbürger durch hart erarbeitetes kulturelles Kapital erkämpft haben, nicht selten in harter Konkurrenz zueinander – so jedenfalls Bourdieus zugespitzte Analyse der Verhältnisse im französischen Hochschulsystem. In seiner lesenswerten Untersuchung »Homo Academicus« (1992) beschreibt er sehr detailliert, dass beispielsweise in den Geisteswissenschaften ein souveränes Verfügen über angemessene kulturelle Praktiken, also ein bürgerlicher Habitus, oft wichtiger ist als die Fähigkeit zu solider Forschung. Ganz im Gegenteil sind es gerade die Aufsteiger, die durch harte Forschungsarbeit versuchen, sich Prestige zu erwerben. Folgt man Bourdieu, dann sind gesellschaftliche Felder eher Kampf- als Spielfelder, in denen es um Macht und Unterscheidung geht.

Der permanente Konkurrenzdruck ist für ihn der entscheidende Grund, warum etablierte Felder es der nachfolgenden Generation so schwer machen, in sie einzudringen. Oft werden dabei Anforderungen gestellt, die die Begründer selbst nie erfüllt haben. Sigmund Freud – um ein Beispiel zu nennen – war Autodidakt und verfügte über keine psychoanalytische Ausbildung, die er doch selbst erfand. Als origineller Querdenker schuf er ein System, das viele Anhänger fand. Doch die meisten seiner Schüler vergaßen, dass ihre Heilkunst von einem kreativen Quereinsteiger herstammte. Die psychoanalytischen Vereinigungen schraubten die Standards so hoch, dass selbst ein bedeutender Psychoanalytiker wie Erich Fromm keinen Zugang erhielt, weil er Soziologe war und über keine medizinische Ausbildung verfügte. Fromms Reaktion auf diese Zurückweisung ist ein bezeichnendes Beispiel dafür, wie ein Kreativer mit der Abstoßung durch das Feld umgeht: Er wechselte das Land und gründete in Mexiko mit großem Erfolg sein eigenes Feld.

Nur wenige werden den nötigen Mut zu einem so aufwendigen und selbstbewussten Schritt aufbringen. Wichtig ist, dass man sich sehr genau klar macht, ob man überhaupt in ein bestimmtes Feld will. Zwiespältige Haltungen eines Bewerbers beruhen in vielen Fällen auf seiner unbewusst ablehnenden Einstellung, die von den Mitgliedern des Zielfeldes wahrgenommen wird und ihrerseits ablehnende Stimmungen mobilisiert. Das Feld lernt! Im Feld gehen keine Energien verloren! Ebenso üben zurückgehaltene Empfindungen Wirkungen auf das Feld aus. Gerade ein unmissverständlicher Standpunkt, das Flagge-Zeigen kann Zweifel, die im Feld vorhanden sind, zerstreuen und die Entscheidung erleichtern. Personen, die Anerkennung in einem bestimmten Feld suchen, sind sich oft erstaunlich unklar über die Effekte, die sie durch ihre eigene Haltung auslösen. Ich habe selbst erlebt, dass man nicht durch oberflächliche Anpassung an die Erwartungen des Feldes Erfolg hat, sondern durch eine klar konturierte Position, zu der es auch gehört, sich gegen Zumutungen abzugrenzen.

Das Feld honoriert in der Regel eher Selbstähnlichkeit als leicht zu durchschauende Anpassung. Geniale Teams wissen deshalb das Angebot eines klaren Egos zu würdigen. Sie wissen, dass sie nur durch kritische Auseinandersetzung weiterkommen.

Wie aus Gardners Untersuchung der Schöpfer der Moderne hervorgeht, wird der bisweilen totale Einsatz für das eigene Werk mit einem hohen Preis im Bereich des persönlichen Glücks bezahlt. Dieser Auffassung widerspricht Csíkszentmihályi vehement, dessen interviewte Personen fast ausnahmslos ein überaus glückliches Beziehungsleben zu führen schienen und selbst das hohe Alter als Bereicherung erlebten. Vielleicht erliegt hier der Flow- und Glücksforscher seinem eigenen Wunschbild. Jeder, der mit den Höhen und Tiefen, die kreatives Schaffen begleiten, vertraut ist, wird an den Glücksberichten, die Csíkszentmihályi vorstellt, einigen Zweifel hegen. Ungeklärt bleibt bei ihm die Frage nach den Schattenseiten. Nicht nur dank Gardner sehen wir dieses konfliktfreie und Erfüllung versprechende Bild des Kreativen etwas differenzierter.

Der Schatten der Kreativen: Picasso, Einstein, Brecht

Die Enthüllungen etwa über Picassos Umgang mit Frauen zeigen ein ähnlich befremdliches Bild wie jüngst entdeckte Briefe Einsteins, in denen er den Umgang mit seiner ersten Frau, Mileva Maric, unglaublich unpersönlich und starrsinnig zu regeln suchte: »A. Du hast Sorge zu tragen, dass Du 1) meine Kleidung und Wäsche sauberhältst; 2) mir drei Mahlzeiten am

Tage in meinem Raum servierst; 3) mein Schlaf- und Arbeitszimmer immer aufräumst und dabei aufpasst, dass niemand außer mir die Sachen auf meinem Schreibtisch anrührt.« Weiter verlangte der damals 35-Jährige, der an der Relativitätstheorie arbeitete und bereits eine Liebesaffäre mit seiner Cousine unterhielt: »Du versprichst vor allem die folgenden Punkte zu beachten: 1) Du wirst keine Zuneigung von mir erwarten und mir deshalb keine Vorwürfe machen; 2) Du hast mir sofort zu antworten, wenn ich mit Dir spreche; 3) Du hast mein Schlaf- und Arbeitszimmer sofort und ohne Protest zu verlassen, wenn ich Dich darum bitte ...« (Die Welt, 31.10.1996, S. 12).

Lion Feuchtwanger bezeichnete Brecht, dessen Kreatives Feld vor allem von engagierten Frauen mitgestaltet wurde, schon früh als einen, der »Menschen fraß«. Wenngleich die Frauen in Brechts Kreativem Feld über ein beachtliches Maß an Gestaltungsraum verfügten, so stand doch Brecht im Mittelpunkt und erntete den Hauptteil der Anerkennung.

Für eine derart herausgehobene Stellung bezahlt man seinen Preis: Nicht nur, dass die Beziehungen zu den Mitgliedern des Kreativen Feldes zwangsläufig getrübt sind; darüber hinaus nimmt man sich die Chance, die Erleichterungen und Anregungen, die ein gut funktionierendes Team bietet, voll auszuschöpfen. Team-Flow wird hier kaum erlebt.

Zwar mag die bereits erwähnte populäre These der Nähe zwischen Genie und Wahnsinn vereinfachend sein, doch leuchtet bei einer feldtheoretischen Betrachtung im Sinne Lewins ein, dass Personen, die sich in eine Extremposition zu ihrem umgebenden sozialen und kulturellen Feld begeben, sich zu Persönlichkeiten mit extremen Persönlichkeitszügen entwickeln können, nicht zuletzt weil sie als Grenzüberschreiter stärkeren psychischen Belastungen und Gefährdungen ausgesetzt sind.

Hier kann ein funktionierendes Team eine wichtige psychische Schutzfunktion bieten: Da der Teamkreative sich und sein Produkt als Ergebnis gemeinsamer Anstrengung sieht, ist die Gefahr geringer, dass er in Größenfantasien abdriftet, die ihm nicht zu selten von der bewundernden Mitwelt nahegelegt werden. Wer etwa den steilen Aufstieg und tiefen Sturz des ehemaligen Bertelsmann- und Arcandor-Managers Thomas Middelhoff verfolgt, der erhält ein Lehrstück über die Gefahren des Geniekults. Der einst vergötterte Manager war nur noch von Bewunderern umgeben und verlor den Kontakt zur Wirklichkeit mit katastrophalen Folgen für ihn und die Unternehmen, die er führte.

Auch hier erweist sich die Überlegenheit des Kreativen Feldes: Wenn es mir gelingt, mich mit ergänzenden, originellen, nicht angepassten und herausfordernden Synergiepartnern zu umgeben, verringert sich die Gefahr, dass ich in unrealistische Größenfantasien abdrifte und Opfer meiner blinden Flecke werde, wie wir es auch bei Managern aus dem Finanzsektor erlebt haben. Omnipotenzfantasien ohne Erdung führen meist in die Katastrophe.

Mit der Beachtung der Formel »Kreativität gibt es nur im Plural« erhalte ich dagegen eine Chance, mein eigenes kreatives Potenzial zu erschließen, ohne den hohen Preis psychischer Überspanntheit und sozialer Isolierung zu bezahlen, der oft mit dem fragwürdigen Genie- und Elitekult verbunden ist. Im Team kann ich lernen, meine besonderen Qualitäten zu entwickeln und zu schätzen sowie meine Grenzen zu erkennen, ohne mich in übersteigertem Maß über andere zu erheben. Im Sinne meines Synergiekonzepts finde ich meinen Platz im Rahmen interaktiver Kreativität in der Gemeinschaft und erhalte ein realistisches Bild über meinen Anteil am kreativen Prozess. Arbeitszufriedenheit, Burnout-Prävention, Resilienz, ja psychisches und gesundheitliches Wohlbefinden sowie eine gute soziale Verankerung sowie die Erfahrung von Team-Flow und sogar Glück sind der Gewinn einer solchen Haltung.

Ganz in diesem Sinne argumentiert Csíkszentmihályi, wenn er ein Loblied auf die Förderung der »persönlichen Kreativität« anstimmt, über die wir alle verfügen und die sich jeder selbst erschließen kann: »Auch wenn die persönliche Kreativität vielleicht nicht zu Ruhm oder Reichtum führt, kann sie etwas leisten, das für den einzelnen weit wichtiger ist: Sie kann das Alltagsleben lebendiger, aufregender und lohnender machen. Wenn wir kreativ leben, gibt es keine Langeweile, und jeder Augenblick verspricht eine neue, aufregende Entdeckung. Eine kreative Lebensweise verbindet uns mit dem Prozess der Evolution, gleichgültig ob die Entdeckungen über unser persönliches Leben auch die Kultur bereichern« (1997, S. 489).

So mündet seine Untersuchung von 91 überragenden kreativen Persönlichkeiten in eine Reihe überraschend einfacher, alltagspraktischer Ratschläge, von denen ich in den nachfolgenden Abschnitten die wichtigsten kurz erörtere. Doch zunächst wieder einige Anregungen für den Transfer dieser allgemeinen Ausführungen auf Ihre persönliche Situation.

Transfer

- Treten Sie einen Augenblick neben sich und versuchen Sie sich durch die Augen derjenigen Personen zu betrachten, von denen Sie sich Anerkennung wünschen. Wie sehen Sie sich durch die Augen dieser Personen?
- Versuchen Sie, Ihren Habitus zu analysieren, indem Sie sich Ihre persönliche Ausstrahlung vergegenwärtigen. Was charakterisiert Ihren sprachlichen Ausdruck, Ihre körperliche Haltung, Ihre Art sich zu kleiden, Ihre kulturellen Vorlieben und die Musik, die Sie hören? Welche biografischen und soziokulturellen Einflüsse haben Ihr Denken und Handeln nachhaltig geprägt?
- Entdecken Sie aufgrund Ihrer Habitusanalyse eine Nähe zu bestimmten gesellschaftlichen und/oder institutionellen Feldern? Wo würden Sie gut »hineinpassen«, wo erfahren Sie Ablehnung?
- Sind Sie mit Ihrem Habitus zufrieden? Inwiefern wollen oder können Sie einzelne Dimensionen verändern? Welchen Gewinn versprechen Sie sich davon? Welchen Preis müssten Sie zahlen?

- Welche für Sie günstigen Felder gibt es, um Beschränkungen, die sich aus Ihrem Habitus ergeben, zu überwinden?
- Welche Möglichkeit sehen Sie, ohne sich zu »verbiegen«, die Anerkennung zu finden, die Sie sich wünschen?

Negative Glaubenssysteme erkennen und überwinden

Ein häufiges Problem bei der Auseinandersetzung mit der eigenen Kreativität besteht darin, dass wir alle schon früh durch negative Glaubenssysteme, die zum Teil aus unserer Erziehung/Sozialisation und aus dem Umfeld stammen, an der Möglichkeit zweifeln, wir könnten besonders kreativ sein. Ganze Therapiezweige leben von dem Versprechen, solche die Entfaltung des kreativen Potenzials behindernden Überzeugungen bewusst machen und verändern zu können. Freilich zeigen Untersuchungen, darunter auch meine eigenen (Burow 1993, 2011), dass sich negative Glaubenssysteme nur schwer verändern lassen, wenn nicht gleichzeitig ein Feld konstruiert oder aufgesucht wird, das die Person bei der Ausbildung neuer Sicht- und Verhaltensweisen unterstützt. Das ist auch völlig einleuchtend, wenn man der Auffassung folgt, dass Kreativität nicht allein in der jeweiligen Person, sondern in einer bestimmten räumlichen, soziokulturellen und historischen Konstellation zu verorten ist.

So spielen sicher auch der »Zeitgeist« und unser Lebensumfeld eine wichtige Rolle, wenn wir schnell wieder in unsere alten Verhaltensweisen zurückfallen. Dieser Umstand hat zwei Gründe: Zum einen handelt es sich bei negativen Glaubenssystemen um erlernte, routinisierte Verhaltensmuster, die entwicklungsgeschichtlich wichtig waren, uns Sicherheit geben und uns oft vor Enttäuschungen schützen, und zum anderen dienen die Zurückweisungen des Feldes, die diese Glaubenssysteme bestärken – wie wir gesehen haben – auch der Aufrechterhaltung sozialer Stabilität. Indem ein

Feld bestimmte Zugangsregeln formuliert und Personen abstößt, die weder über das nötige Selbstbewusstsein noch die geforderten Haltungen und Fähigkeiten verfügen, sichert es sich seine privilegierte Stellung. Insofern sorgen psychologische und soziologische Faktoren für die relative Stabilität negativer Glaubenssysteme. Ein Kennzeichen der Kreativen scheint es zu sein, dass sie Zurückweisungen positiv umdeuten können und wie zum Beispiel der vielfach von Plattenfirmen abgelehnte Beatles-Manager Brian Epstein diese Zurückweisungen nicht als Entmutigung, sondern vielmehr als Ansporn begreifen.

In einem Kreativen Feld gibt es immer auch die Person des Ermutigers. Wir erinnern uns an den Prolog, in dem Robert Biberti nach dem erfolglosen Vorsingen der Comedian Harmonists die Gruppenmitglieder zu verbesserten Leistungen anspornte.

Die wirksamste Methode zur Überwindung negativer Glaubenssysteme scheint mir darin zu bestehen, zusammen mit Synergiepartnern eine faszinierende Zukunftsgeschichte zu erfinden, die man gemeinsam zu verwirklichen sucht.

John Lennon hat selbst erkannt, dass er mit seinem schlichten Glaubenssatz, die Beatles seien die beste Band der Welt, zugleich einen Grundstein für den Erfolg gelegt hat. Lewins Feldtheorie macht deutlich: Mit unseren Absichten schaffen wir unser Umfeld. Man muss an das glauben, was man erreichen will. Nur so kann man zu einem Anziehungspunkt im Feld werden.

Wenn man ein positives Glaubenssystem zusammen mit anderen aufbaut, wird es wahrscheinlicher, dass es sich gegen die Anfechtungen der Umwelt behaupten lässt. Allerdings muss man hier auch auf die problematischen Erscheinungen solcher positiven Selbstsuggestionen verweisen. Man denke nur an extremistische Politgruppen, Religionsgemeinschaften oder Sekten mit ihren hermetisch abgeschotteten Glaubenssystemen. Ein positives Glaubenssystem im Sinne der Positiven Pädagogik (Burow 2011) zielt keineswegs auf das Leugnen oder Verzerren der Realität, sondern dient der Ermutigung, indem auf das gemeinsam zu entwickelnde kreative Potenzial fokussiert wird. Es geht hier um Selbstbewusstheit und Selbstbehauptung.

Man kann selbstbehauptendes Verhalten erlernen. So bereiten sich Hochleistungssportler auf schwierige Situationen durch ein mentales Training vor. Ein Eiskunstläufer konzentriert sich vor dem Start und lässt noch einmal jeden Schritt seiner Kür vor dem inneren Auge vorüberziehen, gleichzeitig ruft er sich positive Sätze ins Bewusstsein zurück, die sein Selbstvertrauen stärken sollen. Das mentale Training wurde zwar für den Hochleistungssport entwickelt, hat sich aber auch als alltagstauglich erwiesen. Auch Sie sind in der Lage, sich Grundfertigkeiten des mentalen Trainings selbst beizubringen. Wichtig ist, dass Sie sich die jeweilige Anforderungssituation möglichst konkret vorstellen und die Gefühle beachten, die diese Antizipation der Anforderungssituation auslöst. Durch positive Suggestionen können Sie Ihre selbstunterstützenden Kräfte (den »Self-Support«) mobilisieren. Positive Suggestionen könnten beispielsweise Sätze sein, wie »es wird mir leicht fallen«, »es wird mir Spaß machen«, »ich verfüge über ein großes Wissen«, »ich werde das schaffen«.

Mentales Training in diesem Sinne bedeutet, dass ich mir nicht nur die Schwierigkeiten der zu bewältigenden Situation möglichst konkret vorstelle, sondern mir auch die Fähigkeiten bewusst mache, über die ich zu deren Bewältigung verfüge.

Eine Richtung der Lern- und Kreativitätsförderung, die von dem bulgarischen Forscher Georgi Lozanov entwickelte Suggestopädie, die unter dem Namen »Superlearning« vermarktet wurde, versucht durch das Schaffen einer entspannten, spielerischen Atmosphäre und durch positive Suggestionen (»Es wird Ihnen leichtfallen«) lernerleichternde Zustände zu schaffen, die es wahrscheinlicher machen, dass man Kreativitäts- und Lernblockaden überwindet und sein Potenzial besser nutzt. Lozanovs Untersuchungen haben gezeigt, dass das Hören von Barockmusik, die einem Metrum folgt, das in etwa unserem Herzschlag entspricht, ergänzt durch positive Suggestionen, unsere Lernfähigkeit und unsere Selbstwirksamkeitsüberzeugung steigert. Die Suggestopädie beruht auf einer recht einfachen Einsicht: Wenn man etwas Schwieriges bewältigen will, muss man es sich leicht machen und günstige, lustmachende, entspannende Rahmenbedingungen schaffen.

Aber wenn man sich anschaut, wie Lernen an Schulen und Hochschulen organisiert ist, dann kann man sich nur wundern, wie antikreativ diese Institutionen häufig noch gestaltet sind und wie selten sie einfachste Erkenntnisse der Lernforschung berücksichtigen. Allerdings ist es wichtig, auch hier wieder zu differenzieren. Entspannung allein verhilft noch nicht zu mehr Kreativität. Es muss eine den eigenen Fähigkeiten angemessene und selbstgewählte Herausforderung hinzukommen. Phasen intensiver Konzentration, des An-die-Grenzen-Gehens und der Anstrengung sollten sich mit entspannenden Phasen abwechseln, in denen man mehr der Intuition und der Fantasie Raum lässt.

Hilfreich für das Überwinden negativer und den Aufbau positiver Glaubenssysteme zur Förderung des Team-Flows sind die »magischen Drei«, die ich in »Digitale Dividende« (Burow 2014, S. 57 ff.) ausführlich beschrieben habe. Demnach sollten Herausforderungen verstehbar (1), persönlich bedeutsam (2) und handhabbar (3) sein, um den Erfolg und damit das Kohärenzerleben zu steigern. Dieser salutogenetische Zugang (Antonovsky 1997), der an Stressreduzierung und persönlichem Wachstum orientiert ist, muss ergänzt werden um die Orientierung an den Einsichten der Selbstbestimmungstheorie von Deci und Ryan, die belegt haben, dass die alters- und aufgabenbezogene Erweiterung des Raums für Selbstbestimmung (1), Kompetenzerleben (2) sowie die Erfahrung von Sinn und Zugehörigkeit (3) Grundlage für gute Leistungen und optimale persönliche Entwicklung ist. Wie ich gezeigt habe entsteht Team-Flow immer dann, wenn nicht nur diese 2 x 3 Faktoren berücksichtigt werden, sondern wenn darüber hinaus ein wertschätzender Umgang (1), eine gemeinsame Vision (2) und ein gemeinschaftlich vereinbarter Umsetzungsplan (3) vorhanden sind. Als »magisch« bezeichne ich diese 3 x 3-Faktoren, weil ihre Beachtung sich gegenseitig verstärkt, zur Erfahrung gemeinsamer Selbstwirksamkeit und zum Aufbau erfüllender, effektiver und kreativer Teamarbeit beiträgt.

Ein Kennzeichen der Kreativen scheint zu sein, dass sie mit einem fordernden Elternteil aufwuchsen, der hohe Ansprüche stellte, ohne mit primitivem Druck und Zwang zu arbeiten, und so dafür sorgte, dass das Kind schon früh anspruchsvolle Maßstäbe für sich selbst entwickelte. Doch nicht jeder, der zu gemeinsamen Schöpfungen beiträgt, muss über diese Erfahrungen verfügen. In einem Kreativen Feld kann ein entsprechender Synergiepartner die Rolle des herausfordernden Partners übernehmen, sodass man selbst von der kreativen Konkurrenz motiviert wird. Dies lässt sich an der Konkurrenz zwischen den Mitgliedern der Comedian Harmonists, Frommermann, Bootz und Biberti, zeigen. Aber auch das Komponistenduo Lennon und McCartney, dessen Arbeitsweise ich in »Ich bin gut – wir sind besser« (Burow 2000) analysiert habe, bietet dafür ein überzeugendes Beispiel. Zwischen beiden Musikern herrschte eine produktive Spannung. Dagegen ist ein zwanghaftes, dauerhaft angestrengtes Vorgehen, mit dem man sich selbst und andere unter Druck setzt, ungeeignet, kreative Potenziale zur Entfaltung zu bringen.

Diese Beispiele zeigen, dass es eine vielversprechende Alternative ist, negative Glaubenssysteme durch die Schaffung eines Kreativen Feldes zu überwinden. Wir erinnern uns an die eingangs zitierte Untersuchung von Oldham und Cummings (s. S. 31 f.), die belegt, dass kreative Mitarbeiter auf ein förderliches Arbeitsumfeld angewiesen sind. Kreative verfügen demnach zwar über ein positives Glaubenssystem, aber sie können ihre kreativen Eigenschaften nur umsetzen, wenn ihre Tätigkeit komplex und herausfordernd ist, wenn sie einen nicht autoritativen Vorgesetzten und anregende Arbeitskollegen haben. Auch wenn es mir problematisch erscheint, so weit zu gehen wie Warren Bennis in seiner Untersuchung »Geniale Teams«, der als Bedingung für den Erfolg ein klares Feindbild sieht (zum Beispiel die Garagenfirma Apple gegen den mächtigen Konzern IBM), so ist doch belegt, dass ein gewisses Maß an kreativer Konkurrenz und kreativer Spannung für das Erzielen von Spitzenleistungen förderlich ist.

Individualisierende Persönlichkeitstrainings, die an der Überwindung negativer Glaubenssysteme arbeiten, reichen also nicht aus, um eine begeisternde Motivation zu schaffen. Das Feld muss insgesamt so verändert werden, dass es motivierende Anziehungspunkte und Belohnungen bietet.

In einem attraktiven Feld mit anregenden Synergiepartnern verlieren negative Glaubenssysteme auch ohne spezifische Persönlichkeitstrainings schnell an Bedeutung: Die Kraft des Teams, das mit einer überzeugenden Vision an einer faszinierenden Herausforderung arbeitet, reißt alle mit, indem es Resonanz und Flow erzeugt.

Persönliche Paradigmen steuern unsere Feldwahrnehmung

»Mit dem Wunder der eigenen Achtsamkeit vertraut zu werden, dieses Wunder zu bemerken, ist die wichtigste ›Kreativitätstechnik‹.«
Karl-Heinz Brodbeck

»Entscheidung zur Kreativität« – nicht von ungefähr hat Karl-Heinz Brodbeck (2010) für seine Untersuchung über Faktoren, die für kreative Leistungen verantwortlich sind, diesen Titel gewählt. Brodbeck zeigt, dass die Frage, inwieweit wir unsere Möglichkeiten ausschöpfen, vor allem davon abhängt, für welche Selbst- und Feldwahrnehmungen wir uns entscheiden. Ein Schlüssel zur Freisetzung der eigenen Kreativität ist deshalb die Achtsamkeit und das Bewusstmachen der grundlegenden Wahrnehmungsmuster, die unser Handeln leiten. In diesem Sinne haben wir erheblich mehr Einflussmöglichkeiten auf die optimale Gestaltung unseres Lebensraumes als wir gemeinhin glauben.

Wie wir gesehen haben, besteht ein entscheidendes Hindernis für die Freisetzung unserer Kreativität im Festhalten an tradierten Normen, Glaubenssystemen, Gewissheiten, Denkmodellen und so weiter, die wie Barrieren wirken können. Diese Kreativitätsbarrieren haben sowohl Ursachen im Umfeld der Personen als auch in biografischen Erfahrungen. Aus der Perspektive individualisierender Kreativitätstrainings besteht ein Schlüssel zur Erweiterung unserer Möglichkeiten darin, unsere Bewusstheit zu erhöhen oder unseren Wahrnehmungsraum zu erweitern.

Die Theorie des Kreativen Feldes zeigt uns, dass die Aufnahme von ergänzenden Beziehungen zu passenden Synergiepartnern, also die richtige Mischung, ein vorzügliches Mittel ist, den eigenen Wahrnehmungs- und damit Möglichkeitsraum zu erweitern. Hier stellt sich die Frage: Warum sind wir nicht öfter in der Lage, befriedigende Synergiebeziehungen einzugehen? Warum erleben wir in unserem Alltag oft eher Abgrenzung als Zusammenarbeit? In meinen Forschungen (Burow 1993/2001) habe ich eine Antwort gefunden: Persönliche Paradigmen hindern uns, unseren Möglichkeitsraum auszuschöpfen.

Was sind »persönliche Paradigmen«?

Sicher werden Sie sich fragen: Was sind persönliche Paradigmen und in welchem Verhältnis stehen sie zu Prozessen der Teambildung in Kreativteams? Persönliche Paradigmen bilden eine wichtige Basis für die Teambildung. In Glücksfällen scheinen die Paradigmen der Gruppenmitglieder gut zueinander zu passen. Aus leidvoller Erfahrung wissen wir, dass oft das Gegenteil der Fall ist. Starre persönliche Paradigmen können nicht nur den eigenen Lebensraum einschränken, sondern auch die Wahrnehmung von Bindungsmöglichkeiten. Sie behindern die so wichtige Fähigkeit zum freien Dialog.

Ich verstehe unter persönlichen Paradigmen ein System von Wahrnehmungsmustern, das sich im Verlauf der persönlichen Entwicklung herausgebildet hat und durch übergreifende leitmotivische Sätze gesteuert wird. Solche wahrnehmungssteuernden Leitmotive sind Sätze wie: »Ich muss mich anstrengen, damit ich akzeptiert werde« oder »Was ich sage, ist nichts wert«.

Es handelt sich also um grundlegende Kodierungen, die aus einer Vielzahl im Laufe der persönlichen Entwicklung erworbener Sätze bestehen und sich wie ein Filter vor unsere Wahrnehmungen schieben. Diese Filter entscheiden darüber, inwieweit wir unser kreatives Potenzial ausschöpfen können. Wie wir mit Bourdieus Feldtheorie vermuten, hängt die Entwicklung solcher Paradigmen in weiten Teilen vom sozialstrukturellen Ort meiner Herkunft, aber auch von angeborenen Prädispositionen, wie etwa dem Temperament oder meiner spezifischen Stellung in der Geschwisterreihe, ab.

Persönliche Paradigmen sind somit immer auch durch das Herkunftsfeld geprägt – ein Umstand, den individualisierende Trainings- und Therapieverfahren allzu oft übersehen. Doch woher kommt die Idee der persönlichen Paradigmen?

Zur Beantwortung dieser Frage hole ich weiter aus: Der Wissenschaftstheoretiker Thomas Kuhn (1996) hat eindrucksvoll gezeigt, wie ein wissenschaftliches Paradigma, das aus allgemein akzeptierten Grundannahmen besteht, die Wahrnehmung von Zeitgenossen bestimmt und beispielsweise dazu geführt hat, dass Menschen sich jahrhundertelang die Erde als Scheibe vorstellten. Wir, die wir das Glück haben, einige Jahrhunderte später auf die Welt gekommen zu sein, können über solche offenkundig falschen Auffassungen nur den Kopf schütteln. Das wissende Lachen würde aber den meisten von uns im Hals steckenbleiben, würden wir die Untersuchung Gardners (2004) zum Denken des ungeschulten Kopfes lesen.

Literaturtipp

Howard Gardner weist in seinem Buch »Der ungeschulte Kopf« (2004) anhand einer Reihe von einleuchtenden Beispielen nach, dass wir alle – auch Wissenschaftler – eine Vielzahl von ziemlich absurden Auffassungen über die Welt mit uns herumtragen, die sich bis zum fünften Lebensjahr herausbilden und sich als ziemlich resistent gegen jegliche Art wissenschaftlicher Aufklärungsbemühungen erweisen.

Bourdieu hat uns gezeigt, wie wir aufgrund unserer sozialen Herkunft und unserer aktuellen Interessen unsere Feldwahrnehmung konturieren und überzeugt sind, dass wir die Wirklichkeit sehen. Doch wir sehen oft nur unsere Wirklichkeit. Zum wissenschaftlichen Paradigma, das nur so lange gilt, bis wir ein »besseres«, »einleuchtenderes« gefunden haben, kommt nun auch noch das persönliche Paradigma. Was hat es mit diesem auf sich?

In ähnlicher Weise wie das wissenschaftliche Paradigma besteht das persönliche Paradigma aus unhinterfragten, persönlich bedeutsamen Grundannahmen, mit deren Hilfe der Mensch seinen Lebensraum aktiv strukturiert. Persönliche Paradigmen können sich an leitmotivischen Sätzen festmachen wie die bereits erwähnten Beispielssätze: »Ich muss mich anstrengen, damit ich akzeptiert werde« oder »Was ich sage, ist nichts wert«. Jeder von uns verfügt über eine Reihe solcher impliziten Sätze, die sowohl die Wahrnehmung seines Lebensraums strukturieren als auch die Reichweite persönlichen Handelns begrenzen. Eine Person, die vorrangig nach dem Anstrengungsparadigma lebt, wird selbst entspannende Situationen als Herausforderung erleben und unter Umständen einen Hang zu zwanghaftem Perfektionismus entwickeln. Solche Personen überfordern oft sich selbst und andere. Wer mit dem Selbstabwertungsparadigma lebt, wird viele Chancen, die sich ihm bieten, nicht wahrnehmen, weil er glaubt, dass ihm die nötigen Fähigkeiten fehlen. Mit unserem persönlichen Paradigma schaffen wir uns unseren Lebensraum. Problematisch dabei ist, dass sich die meisten Menschen ihres persönlichen Paradigmensystems nicht bewusst sind.

Normalerweise besteht kein Anlass, das persönliche Paradigma kritisch zu hinterfragen, denn es funktioniert so lange als optimales Abbild meiner sozialen Welt, wie ich mit ihm leben kann. Nur in dem Maße, wie es meinen Lebensraum einschränkt und mir diese Einschränkung auch bewusst wird, werden sich neue Wahrnehmungen einstellen, die mich schließlich zu einem Wechsel der Grundannahmen und zur Aufgabe meines persönlichen Paradigmas zwingen können. Dies kann der Fall sein bei einem Partner- oder Ortswechsel: In der Auseinandersetzung mit dem neuen Partner oder der neuen sozialen Umgebung werden mir plötzlich meine für selbstverständlich gehaltenen Verhaltensmuster bewusst.

Die Erweiterung oder der Wechsel des Paradigmas ist allerdings ein schmerzhafter Prozess, der bisweilen auf große Abwehr stößt. Der bereits erwähnte Giordano Bruno etwa endete auf dem Scheiterhaufen, weil er darauf beharrte, die Erde sei keine Scheibe, sondern eine Kugel. Er starb für seine Erkenntnisse, mit denen er ein »wissenschaftliches« Paradigma umstieß, und erst nach großen Widerständen konnte sich das völlig andere Weltbild durchsetzen. Aber auch wir können uns subjektiv massiver Bedrohung ausgesetzt fühlen, wenn wir unseren persönlichen Lebensraum grundlegend verändern wollen. Wenn wir mit dem Wechsel des Paradigmas unser Feld erweitern oder in neue Räume vorstoßen, dann wissen wir im Voraus nie, welche Chancen aber auch Gefährdungen sie uns bringen. Zudem wirken die persönlichen Strukturen aus unserer Sozialisation ebenso wie die Beharrungskräfte des soziokulturellen Umfeldes auf uns ein.

Persönliche Paradigmen erweisen sich so – falls es keinen massiven Veränderungsanreiz gibt – als ziemlich stabil. Schließlich spielen auch die Freundesgruppen und die dominanten Bezugsfelder eine wichtige Rolle bei der Abwehr neuer Paradigmen. Zudem haben die meisten von uns eine verständliche Angst vor radikalen Veränderungen mit ungewissem Ausgang: Wir können nie wissen, ob es uns mit der veränderten Perspektive auch tatsächlich besser geht.

Tod eines Handlungsreisenden

Die Theorie der persönlichen Paradigmen beruht auf einer breit angelegten empirischen Untersuchung, in der ich anhand von Fallstudien zeige, wie es Teilnehmern einer dreijährigen berufsbegleitenden Fortbildung mit Methoden der Gestalttherapie gelingt, ihre persönlichen Paradigmen zu entschlüsseln (Burow 1993). Ich beschreibe die Theorie zunächst anhand von Arthur Millers Theaterstück »Tod eines Handlungsreisenden«.

Der überragende Erfolg dieses Stücks erklärt sich daraus, dass es Miller gelang, mit dem Handlungsreisenden Willy Loman eine für die amerikanische Gesellschaft typische Figur zu beschreiben: Unter verschärften Konkurrenzbedingungen kämpft der Vertreter Loman vergeblich um seine Existenz. Sein persönliches Paradigma wird durch die übertriebene Verinnerlichung des amerikanischen Traums gesteuert: So predigt er seinen Söhnen, dass jeder die Chance hat, etwas Großartiges zu erreichen, wenn er es nur will.

Aus meiner bisherigen Darstellung könnte das Missverständnis entstehen, dass Loman auf dem »richtigen« Weg ist, denn schließlich entscheidet er sich doch selbst unter widrigen Umständen für ein positives Glaubenssystem. Was ist daran problematisch?

Für unseren Zusammenhang ist diese Geschichte deshalb interessant, weil Loman in Analogie zum Geniekult Erfolg ausschließlich als Resultat individuellen Bemühens ansieht. Seine Lebensumstände beweisen allerdings das Gegenteil: Loman befindet sich in einer wirtschaftlichen Abwärtsspirale, aus der er ohne Unterstützung durch andere keinen Ausweg finden kann. Er steht vor dem existentiellen Nichts. Die Tragik seines Lebensentwurfs besteht nun darin, dass er unerschütterlich an der Ideologie des Selfmademans festhält und deshalb Hilfsangebote ablehnen muss. Alle seine Hoffnungen setzt er in seinen Sohn Biff, der sich zunächst der Lebensraumkonstruktion seines Vaters unterwirft. Loman ist stolz auf ihn und entwirft in ihm das Wunschbild eines erfolgreichen jungen Mannes, dem die Welt offensteht. Doch auch hier ist das Gegenteil der Fall: Biff scheitert in Schule und Beruf. Ebenso wie sein eigenes Scheitern versucht der Vater auch das Scheitern seines Sohnes zu verleugnen. Die Einsicht in seine wahre Lage bedroht sein Selbstbild. Dieses Selbstbild wird überformt durch die Ideologie ausschließlich individueller Verantwortlichkeit für persönlichen Erfolg. Das persönliche Paradigma erweist sich für Loman als tödliche Individualisierungsfalle.

Als Biff das Lügengebäude seines Vaters durchschaut, beginnt er sich selbst zu befreien, indem er eine realitätsnähere Feldwahrnehmung entwickelt: Er konfrontiert den Vater mit beider Versagen. Diese Konfrontation böte die Chance für eine echte zwischenmenschliche Begegnung und einen Wechsel des persönlichen Paradigmas. Doch Loman kann sich vom Druck des amerikanischen Traums nicht befreien. Er weicht der Selbsterkenntnis aus und nimmt sich das Leben.

Millers Stück illustriert in anschaulicher Weise, in welchem Ausmaß persönliche Paradigmen, die aus gesellschaftlichen Umfeldern und biografischen Prägungen stammen, unsere Wahrnehmung strukturieren und unseren Handlungsspielraum begrenzen. Sicherlich handelt es sich bei Loman um einen extremen Fall. Doch wir alle haben bisweilen Schwierigkeiten, uns von persönlichen Barrieren zu befreien, unsere dysfunktionalen Glaubenssysteme zu überwinden und mithilfe von Synergiepartnern Kreative Felder zu bilden. In extremen Fällen kann es deshalb sogar notwendig sein, mithilfe professioneller Beratung einen Wechsel des einengenden Persönlichen Paradigmas herbeizuführen. Glaubenssysteme positiver oder negativer Art können zu einem »Wahrnehmungsgefängnis« erstarren, wenn sie keine soziale Korrektur erfahren.

Die nachfolgende Fallstudie aus meiner Untersuchung soll ein Beispiel dafür geben, wie es einem Menschen, der unter extremen biografischen Belastungen leidet, gelingt, einen Paradigmenwechsel vorzunehmen.

Der Wechsel des persönlichen Paradigmas: Eine Fallstudie

Persönliches Paradigma als Begrenzung

Astrid arbeitete seit langen Jahren als Lehrerin. Ihr Lebensweg ist durch belastende Auseinandersetzungen mit der nationalsozialistischen Vergangenheit ihrer Eltern beziehungsweise Verwandten charakterisiert. Aufgrund dieses besonderen biografischen Hintergrunds entwickelte sie ein Bedürfnis, sich von ihrer Herkunft abzugrenzen. In einem Interview äußerte sie als ein zentrales Motiv ihres Handelns, dass sie den »Nazi in sich« bekämpfen müsse. Als eine Art persönlicher Wiedergutmachung engagierte sie sich in ihrer Studienzeit in einer linken politischen Gruppierung und erhielt Berufsverbot. Schließlich bekam sie eine Anstellung an einer Privatschule. Die persönlichen und politischen Auseinandersetzungen haben tiefe Spuren in ihren Lebensweg eingegraben und sie kam in der Lebensmitte in eine Krise. Diese äußerte sich zunächst in unklaren psychosomatischen Symptomen wie etwa fortdauernden Magenschmerzen.

Feldtheoretisch könnten wir sagen, dass sie sich mit ihrem Verhalten aus dem gesellschaftlichen Toleranzbereich in eine extreme Randzone bewegt hat. Kennzeichen dieser Randzone sind extreme politische Ansichten und übersteigerte moralische Anforderungen an sich selbst. In einer im Nachhinein grotesk anmutenden Selbstüberschätzung fühlte sie sich persönlich verantwortlich für eine Vielzahl von Problemen, die aus einer ungerechten Weltordnung resultieren. Randzonen sind aber auch Orte, an denen in besonderer Weise Wandel möglich ist. Sie setzen die Personen, die sich dorthin begeben, besonderen Belastungen aus.

Für den, der sich darüber im Klaren ist und eine innere Bestimmung für sein Engagement fühlt, kann die Erfahrung der Randzone eine die eigenen Potenziale befreiende Erfahrung sein. Ein Problem Astrids besteht allerdings darin, dass sie sich zunächst kaum über ihre Antriebe im Klaren ist, die sie zu einem Engagement in einer Randzone veranlassen.

Wie wir sehen werden, hat sie Probleme, das Feldprinzip der Selbstähnlichkeit zu realisieren. Sie handelt nicht aus einem inneren Antrieb, sondern wird durch introjizierte moralische Normen gesteuert, die im Widerspruch zu ihren persönlichen Bedürfnissen stehen. Unter solchen Widersprüchen – wenn auch nicht so extrem – stehen wir alle, sind wir doch Mitglieder einer außengesteuerten Leistungsgesellschaft. Als ein Mittel, diese Widersprüche sichtbar zu machen, kann man kreative Lebensraumdarstellungen benutzen. Wenn wir beispielsweise versuchen, unser Empfinden in einem Symbol darzustellen, erhalten wir einen direkten Zugang zu uns selbst. Wie sieht eine solche Lebensraumdarstellung aus, und welchen Erkenntniswert besitzt sie? Zur Charakterisierung ihrer

Lebenssituation zu Beginn der Fortbildung zeichnet Astrid eine starre Linie, die innerhalb des vorgegebenen Kreises bleibt. Sie schreibt dazu die Sätze: »Ich wusste immer, wo es langgeht. Mein Weg war klar.«

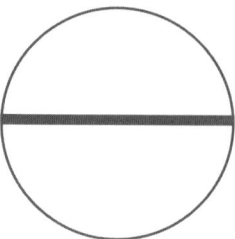

»Ich wusste immer, wo es langgeht. Mein Weg war klar.«

Die starre Linie, die innerhalb des vorgegebenen Rahmens bleibt, drückt gut das Empfinden aus, eingeengt und begrenzt zu sein. Die Analyse zeigt, dass Astrids Verhalten von relativ starren kognitiven Konstrukten gesteuert wird, die ihre emotionale Basis auch in Kindheitserlebnissen haben.

Im Verlaufe der Gestaltfortbildung gibt es ein Schlüsselerlebnis, das den Wandel des persönlichen Paradigmas anbahnt. Einem Trainer fällt auf, dass sie ständig ihre Hände zu Fäusten ballt. Er fordert sie in einer Selbsterfahrungsübung auf, sich mit diesen Fäusten zu identifizieren und zu überlegen, welche Botschaft sie transportieren. Astrid begreift ihren Perfektionismus und ihren inneren Zwang, den »richtigen« Weg zu kennen. Sie erinnert sich, dass sie 1967 von einem Maler porträtiert wurde, sucht diesen Maler auf und zeigt mir das Porträt. Auf diesem Bild ist sie in angestrengter Haltung mit geballten Fäusten zu sehen.

Die Fäuste stehen für wesentliche Aspekte ihres Habitus, also für ihre persönlichen gesellschaftlichen und biografischen Erfahrungen, die sich Bourdieu zufolge in der Körperhaltung manifestieren. Die Starre, unter der sie leidet, hat also eine kognitive und eine körperliche Dimension. Ihr persönlicher Lebensraumentwurf wird durch ihren rigiden Habitus massiv begrenzt. Sie ist in engen Wahrnehmungs- und Verhaltensmustern gefangen, die es ihr erschweren, kreative Lösungen für ihre beruflichen und privaten Probleme zu entwickeln. In seiner Studie »Das Gedächtnis des Körpers« hat der Freiburger Neurobiologe Joachim Bauer (2013) gezeigt, wie sich unsere biografischen Erfahrungen in unseren Körper, unsere Haltungen und unser Verhalten einprägen und zwar so, dass sie sogar Gene steuern können.

Die achtsame Wahrnehmung unserer körperlichen Empfindungen ermöglicht nicht nur einen Zugang zu unserer eigenen Geschichte, sondern ist auch der Schlüssel zur Freisetzung unseres kreativen Potenzials.

Ausgehend von der Wahrnehmung eigener Anspannungsmuster gewissermaßen an der körperlichen Oberfläche bis hin zur differenzierteren Untersuchung von Kindheitserfahrungen, erkennt Astrid nach und nach eine Reihe von persönlichen Konstrukten, die ihre persönliche Art der Feldwahrnehmung charakterisieren. Die Einsicht in Mikromuster des Verhaltens und Wahrnehmens führt schließlich zur Einsicht in ein übergreifendes persönliches Paradigmensystem. Sie untersucht die Vorteile und Nachteile, die ihr Wahrnehmungssystem bietet. Allmählich erkennt sie, dass sie ihr altes persönliches Paradigma umstoßen muss. In der nachfolgenden Abbildung beschreibt Astrid ihren Weg in der Fortbildung.

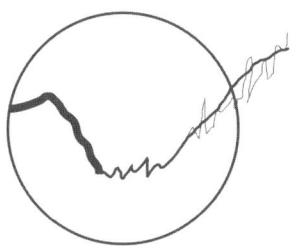

»Ich erkenne mehrere Wege für mich.«

Die Konfrontation mit den abgespaltenen persönlichen Mustern führt sie in die Krise. Ihr gesamtes Wertesystem gerät laut eigener Aussage »ins Rutschen«. Die Krise, die sie durchläuft, hat sie als abwärtslaufende schwarzgezackte Linie gezeichnet, die dann aber einen Wendepunkt noch oben findet und schließlich die vorgegebenen Begrenzungen des Kreises durchbricht. Diese ausbrechende Linie hat sie in einem flammenden Gelb koloriert, das die neu gewonnene Energie symbolisieren soll. Auf meine Frage, was der Kern dieser neuen Freiheit ist, sagt sie: »Ja! Keine Antwort haben zu müssen!« (a.a.O.)

Während Astrid zu Beginn der Fortbildung den Kern ihres persönlichen Paradigmas mit den Worten: »Ich wusste immer, wo es langgeht, mein Weg war klar«, beschrieben hat, lautet nun ihr neuer leitmotivischer Satz, der ihr Wahrnehmen und Handeln leitet: »Ich erkenne mehrere Wege für mich.« Dieses veränderte Paradigma wirkt sich auch auf veränderte private und berufliche Haltungen aus und wird von ihr als Befreiung erlebt: »Ja. Ich denke, deshalb noch mal dieser Satz: Ich erkenne mehrere Wege für mich. Das habe ich wirklich als eine Befreiung erlebt.«

Durch den offenen Raum die innere Berufung entdecken

So extrem die persönlichen Paradigmen Willy Lomans und Astrids uns auf den ersten Blick auch erscheinen mögen, so zeichnet es doch uns alle aus, dass wir in mehr oder minder starkem Ausmaß von Leitmotiven beeinflusst werden, die meist weitgehend unbewusst unser Handeln leiten und begrenzen.

In der konkurrenzorientierten globalisierten Leistungsgesellschaft stehen wir alle unter einem fremdbestimmten Außendruck und sehen uns gezwungen, permanent unsere Effizienz zu optimieren. Dieser Druck hat sich im Gefolge der neoliberalen Wende nicht nur in der Wirtschaft, sondern auch in der Verwaltung und sogar im Bildungsbereich erhöht und damit unserem Freiheitsspielraum eingeengt. Nicht von ungefähr verbreiten sich Burnout und Depression, reagieren viele Menschen auf die Überlastung mit einer Flucht in die Krankheit. So überrascht es mich nicht, dass in unseren Teamentwicklungsseminaren der Wunsch nach einer besseren Work-Life-Balance in den Vordergrund rückt.

Zu viele Mitarbeiter leiden unter Zeit- und Leistungsdruck, den sie aufgrund überzogener Anforderungen verstärkt durch einseitig karriereorientierte Lebensraumkonstruktionen selbst erhöhen. Sie sitzen damit in der Individualisierungsfalle, die darin besteht, dass jeder für die Lösung der Probleme allein verantwortlich ist – eine Konstruktion, die unweigerlich in die Überforderung führt. Dabei zeigen neueste Untersuchungen (VBW-Studie 2014) zu den Möglichkeiten des Abbaus von Belastungen, dass eine entwickelte Teamkultur als effektive Burnout-Prophylaxe wirkt.

Lomans Problem bestand aus dieser Perspektive nicht nur darin, dass er mit seinem Problem allein war, sondern auch, dass er sich als heroischer Einzelkämpfer sah und damit nicht die Chance hatte, sich Unterstützung und Entlastung durch ein Team und/oder eine Supervision zu holen. So war er nicht in der Lage, der Falle seiner selbstschädigenden Lebensraumkonstruktionen zu entweichen, während es Astrid gelang, sich mithilfe Ihrer Gestaltgruppe zu befreien. Insofern zeigen die beiden Fallbeispiele typische Momente auf, die wir beachten müssen, wenn wir Kreative Felder schaffen wollen. Es ist wichtig, uns klarzumachen, dass unsere möglichen Synergiepartner komplizierte biografische Hintergründe mitbringen, die der Zusammenarbeit und dem freien Gestalten Grenzen setzen können. Nur selten werden therapeutische Interventionen notwendig sein. Kreatives Handeln setzt aber voraus, dass wir unsere Bedürfnisse erkennen, indem wir uns von äußerlichen Normierungen befreien. Indem Astrid Schritt für Schritt die Muster der Fremdbestimmung erkennt, die aus ihrem Herkunftsfeld stammen, kann sie sich von Verhaltensroutinen befreien und sich auf den Weg machen, ihre innere Berufung zu entdecken und das für sie passende Kreative Feld zu gestalten. Das Aufgeben des alten Paradigmas führt Astrid zunächst in einen offenen, nicht reglementierten Raum, eine Art »Open Space«. Wenn wir unser kreatives Potenzial erschließen wollen, dann müssen wir den Mut haben, »Leerräume« zu ertragen. Wir müssen uns – wie es Scharmer (2013) ausdrückt – vom Muster des »Downloading« verabschieden, das darin besteht, dass wir uns in unseren Routinen nur immer selbst bestätigen, anstatt das Wagnis des »Open Mind« einzugehen. Die Selbstkonfrontation mit unseren mentalen Modellen, die in guten Synergieteams gelingt, und die Fähigkeit zum ergebnisoffenen Dialog sind der Schlüssel zur Befreiung aus überkommenen Mustern.

Willy Loman hatte nicht die Kraft, sich mit sich selbst zu konfrontieren und den Abgrund zu ertragen, der sich damit in ihm aufgetan hätte. Kreativität entsteht im Sinne von Karl-Heinz Brodbeck (2010) erst aus der Entscheidung zur Kreativität. Diese Entscheidung entsteht nicht durch Verleugnen der eigenen Schwächen, sondern durch Akzeptieren. Das Ego kann erst sein Team finden, wenn es zu sich selbst steht.

Transfer

- Gibt es leitmotivische Sätze, die im Sinne eines persönlichen Paradigmas Ihr Wahrnehmen, Denken und Handeln beeinflussen? Schreiben Sie diese Sätze (zum Beispiel Familiensprüche wie: »Aus dir wird sowieso nichts«, »Er ist unser Schlaumeier« und so weiter) auf und beachten Sie, welche Wirkung diese haben.
- Versuchen Sie, Ihr persönliches Paradigma zu beschreiben, also das System von Sätzen, Einstellungen, Empfindungen, das Ihr Lebensgefühl prägt. Beschreiben Sie Ihr Lebensgefühl.
- Inwiefern ist Ihr Paradigma hilfreich oder hinderlich bei der Erschließung Ihres kreativen Potenzials oder der Erweiterung Ihres Möglichkeitsraums?

- Experimentieren Sie mit neuen leitmotivischen Sätzen, die Sie Ihrem Wahrnehmen, Denken und Handeln voranstellen möchten. Achten Sie darauf, wie sich Ihr Gefühl und Ihre Feldwahrnehmung ändern und ein anregendes, stimulierendes Umfeld schaffen.

Mit diesem Exkurs über die Wirkungen persönlicher Paradigmen habe ich ein Schlaglicht auf mögliche Grenzen des persönlichen Wandels geworfen und es könnte der falsche Eindruck entstehen, dass jeder, der Mitglied eines schöpferischen Teams werden möchte, sich erst einmal einer aufwendigen Therapie unterziehen muss. In der individualisierten Risikogesellschaft versuchen in der Tat immer mehr Individuen ihre Wahrnehmungsbegrenzungen und Blockaden mithilfe von Therapien zu überwinden. Meine Untersuchung zeigt aber auch den begrenzten Erfolg dieser Versuche: Wenn sich im Umfeld nichts ändert, dann fallen selbst Teilnehmer langjähriger Therapien schnell in ihre alten Verhaltensmuster zurück.

In Fällen, extremer persönlicher Belastung kann eine Therapie notwendig sein. In allen anderen Fällen scheint es mir aber Erfolg versprechender zu sein, die Begrenzungen des Egos als Chance zu nutzen, indem ich mir ein ergänzendes Team suche, das mir mittels unterschiedlicher Egos den Weg zur Erweiterung meines persönlichen Paradigmas verhilft. Es erscheint wenig aussichtsreich, die problematischen Folgen der Individualisierung vor allem mithilfe individualisierender Verfahren bearbeiten zu wollen.

Der Königsweg besteht darin, ein stimulierendes Umfeld bis hin zur Verbindung der unterschiedlichen Egos zu schöpferischen Gemeinschaften zu schaffen.

Kreativität scheint sich in der Tat durch eine Reihe von erstaunlich simplen und einleuchtenden Maßnahmen fördern zu lassen, die wir tagtäglich einüben können. Das Überwinden von negativen Glaubenssystemen ist dagegen eine schwierige Aufgabe, der wir uns lebenslang stellen müssen. Schnellere Erfolge werden wir erzielen, wenn wir uns mit der Frage auseinandersetzen, wie wir unseren Arbeitsplatz in eine anregende und stimulierende Umgebung verwandeln und für mehr positive Gefühle sorgen können, sodass vermeidbare Belastungen erst gar nicht auftreten.

Kreative Menschen verfügen fast ausnahmslos über die Fähigkeit, Umgebungen so zu gestalten, dass sie sich wohlfühlen.

Dabei handelt es sich keinesfalls um eine Frage teurer materieller Ausstattung: einfache, persönlich bedeutsame Gegenstände wie Talismane, Familienbilder, eine Lieblingstasse und anderes mehr können ein stabilisierendes Gefühl der Vertrautheit vermitteln. Wichtig ist, dass Sie sich eine Wohlfühlatmosphäre schaffen (Csíkszentmihályi 2007, S. 185 f.).

Wenn Sie nun darangehen, Ihren Arbeitsplatz angenehmer zu gestalten, sollten Sie sich auf Maßnahmen beschränken, die Ihnen wirklich zu einer förderlichen Arbeitsatmosphäre verhelfen. Vermeiden Sie es, Wunschträumen nachzuhängen. Sie wissen ja: Wen die Götter hassen, den erhören sie auch. Ich selbst war jahrelang von der naiven Vorstellung beseelt, eine Terrasse mit Seeblick auf einer griechischen Insel müsste sich als Arbeitsumgebung doch wunderbar auf meine Kreativität auswirken. Als ich mir diesen Wunschtraum erfüllt hatte, trat das genaue Gegenteil ein: Die Hitze machte mich fertig, ich fühlte mich unruhig, sozial isoliert, und am Ende hatte ich nichts Nennenswertes geleistet. Da Sie ja bereits mit den Grundzügen meiner Theorie Kreativer Felder vertraut sind, wird sie der enttäuschende Ausgang des Unternehmens kaum überrascht haben.

Zum einen ist es wichtig, dass ich mir meinen Raum selbst gestalte. Nur dann kann sich dieser ästhetisch und atmosphärisch positiv auf mein Befinden auswirken. Csíkszentmihályi, der in seiner Untersuchung der Frage nach dem geeigneten Ort der Kreativität nachgegangen ist, hob diesen Aspekt besonders hervor: »Seit undenklichen Zeiten haben Künstler, Dichter, Gelehrte und Wissenschaftler auch die Schönheit der Natur gesucht, weil sie sich Inspiration von majestätischen Gipfeln oder donnernder Brandung erhofften. Aber was kreative Individuen letztlich von anderen Menschen unterscheidet, ist die Fähigkeit, ihrer Umgebung, sei sie nun luxuriös oder ärmlich, eine ganz persönliche Note zu geben, die dem Rhythmus ihrer Gedanken und Gewohnheiten entspricht« (Csíkszentmihályi 2007, S. 185).

Zum anderen gehören zu einer angenehmen Umgebung Synergiepartner, die mich sozial stabilisieren, mich herausfordern und mir inhaltliche Anregungen geben können. In einer kreativen Gemeinschaft wächst die Wahrscheinlichkeit, dass ich Blockaden überwinde und häufiger Team-Flow sowie Gestaltungsglück erfahre. Die örtliche Umgebung scheint demgegenüber zweitrangig. Auch Warren Bennis kommt in seiner Untersuchung über Erfolgsteams (1998) zu dem Schluss, dass die äußerliche Umgebung sekundär ist. Entscheidend ist der Teamgeist, der »Spirit«, der Glaube an die gemeinsame Mission. Wir erinnern uns: Die Comedian Harmonists probten im ärmlichen Dachzimmer Frommermanns, das sie euphemistisch als das »Atelier« bezeichneten. Die Beatles übten anfänglich mit ihren einfachen Instrumenten in feuchten, dunklen Kellerlöchern. Steve Jobs und Steve Wozniak entwickelten den ersten Apple-PC im Schlafzimmer von Jobs Eltern.

Kreative Gemeinschaften, die sich einer Idee verschrieben haben, scheinen gegenüber einer unwirtlichen Umgebung viel unempfindlicher zu sein als der Einzelne.

Aber die verschiedenen Mitglieder einer Synergiegemeinschaft sind nicht beliebig austauschbar. Als die Schriftsteller Bertolt Brecht und Lion Feuchtwanger emigrieren mussten, konnten sie sich ihre Kreativität nur bewahren, indem sie wichtige Menschen aus ihrem persönlichen Umfeld dazu bewogen, ihnen an den neuen Ort zu folgen. Den Comedian Harmonists gelang es dagegen nicht, ihre Synergiepartnerschaft aufrechtzuerhalten. Als sich Biberti, Bootz und Leschnikoff von den drei jüdischen Mitgliedern aufgrund der Rassengesetze trennten, gründeten beide Restgemeinschaften eigene Nachfolgeensembles. Aber diese konnten nicht mehr an die kreativen Spitzenleistungen der Anfangszeit anknüpfen.

Ein funktionierendes Kreatives Feld zeichnet sich durch eine unverwechselbare Mischung der Egos im Team aus, die nur selten austauschbar sind. Insofern ist Teamkreativität nicht unpersönlich: Den »Produkten« sieht man die persönliche und unverwechselbare »Handschrift« ihrer Mitglieder an.

Die optimale Arbeitsumgebung schaffen

Csíkszentmihályi kommt zu der Einsicht, dass es für manche Personen wichtig sein kann, das Land oder die Landschaft zu wechseln. Wenn man bedenkt, dass die Arbeit einen großen Teil des Lebens ausmacht, dann sollten Arbeitgeber und Arbeitnehmer der Frage nach dem geeigneten Ort und der stimulierenden Gestaltung einen größeren Stellenwert beimessen. Für die meisten, besonders diejenigen, die in festen Arbeitsverhältnissen stehen, sind grundlegende Veränderungen schwierig. Nur selten müssen sie dramatisch sein. In den meisten Fällen helfen schon einfachste Maßnahmen: den Schreibtisch verrücken, ein schönes Bild aufhängen, Pflanzen arrangieren, einige persönliche Gegenstände aufstellen, sich alle zwei Tage mit einem unterstützenden Kollegen treffen, einen kollegialen Gesprächskreis organisieren, seinen eigenen Rhythmus finden und anderes mehr. Durch diese einfachen Maßnahmen entsteht nicht gleich ein Kreatives Feld. Doch sie können die Stimmung am Arbeitsplatz ganz erheblich verbessern. Einen Schritt weiter kommt man, indem man das Wissen der Mitarbeiter nutzt. Veranstaltet man mit Mitarbeitern einer Institution oder Firma eine Zukunftswerkstatt (Beispiele in Burow 2011 und 2014) und schickt sie auf eine Fantasiereise in die Zukunft, in der sie sich den optimalen Arbeitsplatz vorstellen sollen, erhält man durchweg vernünftige Vorschläge. In einer Vielzahl von Werkstätten konnten wir feststellen, dass Schüler, Lehrer und Eltern ganz andere Schulen gestalteten, als sie sich Experten wie Architekten und Planer ausdenken. Meistens wünschen sich die Beteiligten ein rundes Gebäude mit einem offenen Versammlungsort in der Mitte, um den herum sich Rückzugszonen gruppieren. Sie entwerfen vielfältig gestaltete Räume für die Arbeit in einzelnen Disziplinen, aber auch offene Kreativitäts- und Ruheräume. Es gibt kaum Ecken und Kanten. Das Gebäude ist in der Regel lichtdurchflutet und passt sich harmonisch in die umgebende Natur ein. Es gibt einladende Treffpunkte, Cafés mit üppigen Pflanzen und Räume, die zu körperlichen Betätigungen einladen. In keiner einzigen unserer Werkstätten wurden vollklimatisierte, rechtwinkelige, mehrstöckige Kästen konstruiert, wie sie die Architekten noch immer zu bevorzugen scheinen.

Mit anderen Worten: Wenn Sie beginnen, über die Gestaltung Ihres Arbeitsplatzes nachzudenken, dann erschließen Sie ein mächtiges Potenzial ungenutzten Wissens über die Bedingungen für optimales Arbeiten und Lernen.

So utopisch es für manche auch klingen mag, eine solche Zukunftswerkstatt kann selbst unter ungünstigen Bedingungen Anstoß für einen grundlegenden Wandel sein.

Schüler schaffen eine kreative Umgebung

So haben Schüler einer Wittenberger Schule, die in einem grauen Plattenbau untergebracht waren, ihren Fantasien freien Lauf gelassen. Sie sind zu Gestaltungen gekommen, wie wir sie vom Wiener Architekten Friedensreich Hundertwasser kennen. Auf einen Brief der Schüler hin und als Konsequenz erfolgreicher Öffentlichkeitsarbeit wurde vereinbart, die Schule mit Unterstützung Hundertwassers nach den Vorstellungen der Schüler umzugestalten.

Wie unsere Untersuchungen zeigen, gibt es ein archetypisch verankertes Wissen über optimal gestaltete Lern- und Arbeitsumgebungen. Die Erfahrung aus einer Vielzahl solcher Werkstätten berechtigt mich jedenfalls zu dieser These. Versammelt man die Mitglieder einer Organisation zwei Tage zu einem offenen Zukunftsworkshop – wie ich es in den letzten 20 Jahren mit einer Vielzahl von Einrichtungen durchgeführt habe – und gibt ihnen den Auftrag, ihren Traumarbeitsplatz der Zukunft zu gestalten, werden Gebäude und Landschaften entworfen, die den Prinzipien der Theorie des Kreativen Feldes folgen.

Obwohl fast jeder die Unzulänglichkeiten seines Arbeitsplatzes beklagt, interessiert sich kaum jemand für das ungenutzte Wissen der Beteiligten. Der Arbeitsplatz kann zu einem Kreativen Feld werden (Burow 2011), wenn man dieses Wissen von Zeit zu Zeit abfragt und in die gemeinsame Gestaltung einfließen lässt. Arbeitgeber täten im eigenen Interesse gut daran, dieses Wissen zu erschließen und zu fördern, denn der Zusammenhang zwischen ansprechender Arbeitsumgebung und Produktivität ist empirisch belegt.

In Firmen, die die Arbeitsumgebung nach neuesten Gesichtspunkten unter Mitwirkung der Mitarbeiter gestalten, verbessert sich die Arbeitsatmosphäre, steigt die Produktivität und sinken die Krankenstände drastisch.

Die für viele kaum realisierbare radikale Strategie eines Ortswechsels kann auch Symptom für ein Vermeidungsverhalten sein. Indem ich hoffe, im Dort-und-Dann werde alles besser, vermeide ich es, die notwendigen Veränderungen im Hier-und-Jetzt anzugehen. In der Hoffnung, dass ein anderer Ort einen grundlegenden Wandel bringen möge, vergessen viele, dass sie sich mit ihrer fixierten Persönlichkeitsstruktur mitnehmen. Wie wir den jeweiligen Ort sehen, hängt – wie ich mit Lewin und meinen Fallstudien gezeigt habe – nicht nur von seiner objektiven Struktur ab, sondern von unseren persönlich akzentuierten Wahrnehmungs- und Bewertungsmustern. Für die Comedian Harmonists und die Beatles war der Ort, aber nicht die kulturelle Umgebung sekundär. Dies gilt umso mehr im digitalen Zeitalter, in dem wir virtuelle Kreative Felder orts- und zeitunabhängig mit wenig Mitteln starten können, indem wir die »Digitale Dividende« (Burow 2014) nutzen.

Deshalb sollte man sich einerseits vergegenwärtigen, dass Kreative vielfach in sehr einfachen und wenig ansprechenden Umgebungen arbeiten konnten. Dies dürfte an ihrer Fähigkeit liegen, ungünstige Rahmenbedingungen als Anreiz zu nutzen. Es gilt das Leitmotiv: Es gibt keine völlig ungeeigneten Umgebungen. Vielmehr kommt es darauf an, was man daraus macht.

Andererseits sollten Sie sich fragen: Für welches meiner Ziele ist welche Umgebung besonders günstig? In manchen Domänen kann die Wahl des Ortes von Bedeutung sein. Nicht von ungefähr war Paris um die vorletzte Jahrhundertwende ein Ort, an dem viele kreative Spitzenleistungen vollbracht wurden. Die Ansammlung von Intellektuellen und Künstlern sowie die vielfältigen Anregungen aus Kunst, Kultur und Politik auf vergleichsweise engem Raum ließen Kreative Felder entstehen. Interessante, suchende Persönlichkeiten aus unterschiedlichsten gesellschaftlichen und kulturellen Kontexten trafen hier aufeinander und regten einander an. Im Zeitalter der digitalen Kommunikationsrevolution wird die Bedeutung solcher Zentren andere Formen annehmen, etwa indem man seine Synergiepartner ortsunabhängig im Internet (Burow 2014) finden kann. Darüber hinaus zeigt sich gerade in Zeiten umfassender Digitalisierung, dass direkter zwischenmenschlicher Kontakt kaum ersetzbar ist, und so wird es darauf ankommen, aus der Kombination der erweiterten Möglichkeiten neue Zentren der Begegnung zu schaffen: reale und virtuelle Kreative Felder.

Transfer

- Wie fühlen Sie sich an Ihrem Arbeitsplatz? Was fehlt Ihnen?
- Wie ist er gestaltet? Was könnten Sie tun, um sich eine anregende Atmosphäre zu schaffen?
- Wie sähe der optimale Ort für Sie aus? Was können Sie tun, um an ihn zu gelangen oder sich ihn zu schaffen?
- Wo benötigen Sie reale Begegnung und wie können Sie diese durch virtuelle Plattformen, Chatforen, Blogs, virtuelle Communitys, die gezielte Nutzung sozialer Netzwerke und anderes mehr ergänzen?

Die Fähigkeit zum Staunen bewahren

Viele Beispiele zeigen, dass kreative Persönlichkeiten auch im hohen Alter noch über einen Zugang zu ihrer eigenen Kindlichkeit verfügen. Die Neugier und das Staunen werden aber leider den meisten von uns schon früh in der Schule abgewöhnt, in der wir allzu oft lernen, dass die Welt keine Geheimnisse mehr enthält, sondern in Lehrbüchern und Aufgaben abgehandelt werden kann, deren Lösungen im Lösungsheft nachzulesen ist.

Eine ganz andere Haltung vermittelte der Mitbegründer des Konstruktivismus, Heinz v. Foerster. Anlässlich eines Vortrags in der Berliner Akademie der Wissenschaften berichtete er eine Episode aus seiner Studentenzeit, die uns eine weitere Perspektive zu den Wurzeln der Kreativität öffnet.

> **Wie Heinz v. Foerster das Staunen lernte**
>
> 1942 hatte er sich in eine Veranstaltung der führenden Physiker geschmuggelt und erlebt, wie Max von Laue ein relativ simples physikalisches Experiment vorführte und erläuterte. Heinz v. Foerster war überrascht, dass sich ein berühmter Physiker mit etwas so Unbedeutendem befasste. Noch überraschter war er, als er beobachtete, dass Max Planck den Ausführungen von Laues mit größtem Interesse folgte. Das war, wie er sagte, ein Schlüsselerlebnis. Eben noch ein wissendes Überlegenheitsgefühl auskostend, verspürte er plötzlich einen erschreckenden Abgrund an Nichtwissen bei sich. Eine bleibende Erkenntnis durchzuckte ihn: Wenn dieser bedeutende Physiker Max Planck auch nach Jahren des Forschens einem vergleichsweise einfachen Vorgang mit größtem Interesse, größter Neugier, ja mit fasziniertem Staunen folgen konnte, dann musste er die Fähigkeit haben, in scheinbar Bekanntem Neues zu entdecken.

Heinz v. Foerster wurde intuitiv auf das Phänomen des »kindlichen Staunens« aufmerksam, das als Anzeichen besonderer Begabung gedeutet wird. Die Fähigkeit zum Staunen und die ständige Bereitschaft, in Bekanntem Neues zu entdecken, hat er sich seit dieser Zeit bewahren können. Sie macht seiner Meinung nach den großen Wissenschaftler aus. Aus seiner Sicht ist es die Tragödie heutiger Bildungseinrichtungen, dass sie vielen das Staunen austreiben, weswegen er die Schule als eine gigantische »Trivialisierungsmaschine« bezeichnet.

Diese auf den ersten Blick überraschende Bezeichnung erläuterte er in seinem faszinierenden Vortrag »Lethologie«, der in KybernEthik (1993) abgedruckt ist: »Eine ›Maschine‹ ist in diesem Zusammenhang eine Anordnung von Regeln, durch die gewisse Tatbestände in andere transformiert werden. Für unser Thema reicht es aus, zwei Arten dieser Maschinen zu unterscheiden: eine, die im Allgemeinen als ›triviale Maschine‹ firmiert, arbeitet nach einer festgesetzten Regel, die getreulich gewisse Tatbestände in andere überführt.«

Eine triviale Maschine ist demnach eine Maschine, in die man etwas Bekanntes hineingibt und aus der etwas Bekanntes herauskommt. »Die andere, ›nicht-triviale Maschine‹ hat jedoch Regeln, die die soeben beschriebenen, tatbestandsändernden Regeln selbst wieder ändern: eine Maschine in einer Maschine, sozusagen eine ›Maschine zweiter Ordnung‹« (Foerster 1993, S. 135 f.). Ein Problem besteht nun darin, dass sich ihr innerer Zustand einer genaueren Beschreibung entzieht.

Die Pointe seiner Ausführung besteht darin, dass nicht-triviale Maschinen aufgrund der Vielzahl von Möglichkeiten der Zustandsveränderung in ihrem Verhalten nicht eindeutig vorhersagbar sind. Sie folgen Kellys (1997 a) neuntem Gesetz der BioLogik: Verändere Veränderungen! Lebende Systeme, auch wenn sie sich aus einfachen Bestandteilen zusammensetzen, haben eine Tendenz, in unvorhersehbarer Weise immer wieder neu Komplexität zu erzeugen. Sie verändern sich unablässig.

An amüsanten Beispielen zeigt v. Foerster, dass Schule und Teile der westlichen Wissenschaft bestrebt sind, die kränkende Einsicht dieser prinzipiellen Nichtvorhersagbarkeit zu verdrängen. Mithilfe der Bildung von Begriffen für das prinzipiell Unerklärliche trivialisieren sie die Wunder des Lebens: Wenn ein Kind den Vater fragt, wie die Erde und das Leben entstanden seien, dann könnte der Vater antworten: Ja, da war Gott, und der schuf Adam und Eva und so weiter. Fragte das Kind einen Wissenschaftler, dann würde der vielleicht sagen: Ja, das war ganz einfach. Da gab es den Urknall, und dann begann die Evolution ... Erklärungen dieser Art ist gemeinsam, dass sie das Staunen aus der Welt vertreiben, indem sie etwas prinzipiell Unerklärliches erklärbar zu machen suchen. Darunter versteht v. Foerster Begriffe wie »Instinkt«, »Triebe« oder »Geist«. Sie sind seiner Auffassung zufolge wenig mehr als Notbehelfe der Forschung, welche immer dann produziert würden, wenn man nicht genau wisse, was vor sich gehe. Diese »Erklärungsprinzipien« erklären nichts, verkommen vielfach zu leeren Begriffsschablonen, haben aber den angenehmen und beruhigenden Vorzug, die eigene Unkenntnis über den Gegenstand zu verschleiern. Die Folge ist eine Trivialisierung der Welt, die nichts mehr Unerklärliches bereitzuhalten scheint. Besonders verheerend ist laut v. Foerster, dass diese Trivialisierung in der Schule bei der »Formung« junger Menschen eine wesentliche Rolle spielt. Die Schule wird zur trivialen Maschine, die nicht nur die Erklärung der Welt, sondern auch unsere Kinder trivialisiert. »Da unser Erziehungssystem daraufhin angelegt ist, berechenbare Staatsbürger zu erzeugen, besteht sein Zweck darin, alle jene ärgerlichen inneren Zustände auszuschalten, die Unberechenbarkeit und Kreativität ermöglichen. Dies zeigt sich am deutlichsten in unserer Methode des Prüfens, die nur Fragen zulässt, auf die die Antworten bereits bekannt (oder definiert) sind, und die folglich vom Schüler auswendig gelernt werden müssen. Ich möchte diese Fragen als ›illegitime Fragen‹ bezeichnen. Wäre es dagegen nicht faszinierend, sich ein Erziehungssystem vorzustellen, das die zu Erziehenden enttrivialisiert, indem sie es lehrt, ›legitime Fragen‹ zu stellen, das heißt Fragen, deren Antworten noch unbekannt sind?« (1993, S. 170 f.).

Nun sind wir aber fast alle durch ein System gegangen, das uns auf die Beantwortung illegitimer Fragen trainiert, und entsprechend groß sind unsere Schwierigkeiten, kreativ zu sein. In unserer auf Kontrolle und Beherrschung abzielenden Kultur haben wir es einfach nicht gelernt, die Konfrontation mit offenen Fragen zu ertragen. Eine Betrachtung aus psychologischer Perspektive würde wahrscheinlich zutage fördern, dass dieses Verhalten der Vermeidung von Unsicherheit und vielleicht sogar der Angstabwehr dient.

Kreative Persönlichkeiten zeichnet es demgegenüber aus, dass sie nicht vor dem offenen Raum zurückschrecken, der sich bei intensivem Nachdenken und Nachfragen auftun mag. Interdisziplinären Teams gelingt es leichter, sich offenen Fragen zu stellen.

Ganz in diesem Sinne vermutet Csíkszentmihályi, dass das Vermeiden vorschneller Antworten zugunsten eines Offenhaltens der eigenen Neugier und der Fähigkeit zum kindlichen Staunen ein »Königsweg« zur Förderung der persönlichen Kreativität sei.

Seine Interviews zeigen, dass die meisten Kreativen den trivialisierenden Charakter vieler Bildungsanstalten schon früh erkannten und vor allem die Schule als eine langweilige und antikreative Einrichtung empfanden. Um unsere persönliche, kindliche Kreativität zurückzugewinnen, müssen wir, so seine Schlussfolgerung, den Alltag wieder der staunenden Betrachtung öffnen. Viele Ratschläge scheinen auf den ersten Blick einfach, manches lässt sich im Alltag nur schwer realisieren, etwa, wenn er empfiehlt, selbst alltägliche Tätigkeiten, wie etwa das Zähneputzen, affektiv aufzuladen und zu einer spannenden und anregenden Tätigkeit zu machen.

Auch wenn uns ein pedantisches Befolgen derartiger Ratschläge nur wenig weiterbringt, sollten wir nicht vorschnell spotten, sondern den Kerngedanken, auf dem diese Ratschläge letztlich beruhen, im Auge behalten. Aus persönlicher Erfahrung und eigenen Untersuchungen weiß ich, dass wirksame Veränderungen des eigenen Verhaltens und der Wahrnehmung oft mit unscheinbaren und auf den ersten Blick albern wirkenden Schritten beginnen können. Indem man beginnt, seine Wahrnehmungs- und Bewertungsrichtung in kleinen Schritten zu verändern, kann man – wie wir aus Lewins Lebensraumkonzept ersehen konnten – allmählich eine neue Sicht entwickeln, die sich für die Entdeckung der kreativen Möglichkeiten der Alltagswirklichkeit öffnet.

Transfer

- Wann haben Sie das letzte Mal gestaunt? Wie steht es mit Ihrer kindlichen Neugier?
- Wie können Sie das Staunen in Ihren Alltag zurückholen?

- Versuchen Sie mindestens einmal am Tag etwas Staunenswertes in Ihrem Alltag zu entdecken.

Die Kultivierung von »Flow im Alltag«

Als »Glücksforscher« hat Csíkszentmihályi in seinen früheren Büchern untersucht, wie es Menschen gelingt, Erlebnisse und Situationen herbeizuführen, die sie besonders erfüllen. Solche Gipfelerlebnisse hat er mit dem Begriff »Flow« bezeichnet. Im Prinzip war das ein geschicktes Marketing für ein bekanntes Phänomen: Schon Maria Montessori hatte zur Jahrhundertwende anhand der genauen Beobachtung des kindlichen Spiels herausgefunden, dass es beim Spielen und Lernen das Phänomen des völlig selbstvergessenen Aufgehens im Gegenstand der Tätigkeit gibt (Montessori 1987). Der Pädagoge Friedrich Copei (1955) sprach in seinem gleichnamigen Buch vom »fruchtbaren Moment«. Der Motivationspsychologe Heinz Heckhausen (2010) hatte ein solches Lernen »intrinsisches« Lernen genannt, und in der Gestaltpädagogik wird vom »Kontaktvollzug« (Burow 1988) gesprochen, einem Zustand, in dem die Grenze zwischen Individuum und dem Gegenstand der Beschäftigung aufgehoben ist. Man ist beim Hören eines Musikstücks »ganz Ohr« oder beim Betrachten eines Bildes »ganz versunken«. Nichts stört einen bei diesem selbstvergessenen Kontakt, der Lernprozesse größter Intensität begleiten kann.

Csíkszentmihályis besondere Leistung besteht nicht in der Entdeckung dieses Phänomens, sondern in der Beschreibung und Erforschung wesentlicher Elemente, die ein Lernen im Flow auszeichnen. Es handelt sich dabei um folgende Punkte:

> **Charakteristika von Lernen im Flow**
>
> - Jede Phase des Prozesses ist durch klare Ziele gekennzeichnet.
> - Man erhält unmittelbares Feedback für das eigene Handeln.
> - Aufgaben und Fähigkeiten befinden sich im Gleichgewicht.
> - Handeln und Bewusstheit bilden eine Einheit.
> - Ablenkungen werden vom Bewusstsein ausgeschlossen.
> - Man hat keine Versagensängste.
> - Selbstvergessenheit.
> - Das Zeitgefühl wird aufgehoben.
> - Die Aktivität wird autotelisch.
>
> (nach Csíkszentmihályi 1997, S. 163–166)

Diese Charakteristika hat er anhand der Befragung zahlreicher Personen überprüft. Er gelangt zu der für unseren Zusammenhang wichtigen Erkenntnis, dass Flow bei fast jeder Tätigkeit auftreten kann. Die Flow-Erfahrung ist kein Phänomen, das nur besonders begabten Menschen zukommt, sondern sie kann von jedem erlebt werden, der eine Tätigkeit ausübt, die ihn tief befriedigt. Selbst der Straßenkehrer kann beim Kehren der Straße Flow-Erlebnisse haben.

Csíkszentmihályi vermutet, dass Flow-Erlebnisse im Dienste der Evolution stehen, indem sie uns nämlich antreiben, nach befriedigenden Tätigkeiten zu suchen. Diese Suche hilft uns, aus Alltagsroutinen auszubrechen und nach neuen Wegen zu suchen. Flow-Erfahrungen scheinen ein mächtiger Antrieb für unser Streben nach Entfaltung unserer Kreativität zu sein.

Hier drängt sich eine schwierige Frage auf: Wenn Flow ein Grundbedürfnis ist, das durch positive Gefühle belohnt wird, warum leiden dann so viele Menschen unter unbefriedigenden Tätigkeiten? Ein mögliches Erklärungsmuster, das ich den Überlegungen des Soziologen Norbert Elias (1976) in seinem Hauptwerk »Über den Prozess der Zivilisation« entnehme, ist die These, dass der allmähliche Prozess der Zivilisierung mit der Ausbildung einer »Selbstzwangsapparatur« einhergeht. Um ein funktionierendes menschliches Gemeinwesen zu erschaffen, sind wir demnach in immer mehr Bereichen gezwungen, unsere Triebe und Bedürfnisse einer rigiden Kontrolle zu unterwerfen, die zur Ausbildung eines differenzierten Systems von »Selbstzwängen« führt. Wenn diese Selbstzwänge überhand nehmen und uns beherrschen, dann entfremden wir uns von unseren inneren Bedürfnissen. Flow findet nur noch selten statt, und wir empfinden unser Leben als unbefriedigend.

Csíkszentmihályis (1997, S. 496 ff.) Ratschläge zielen deshalb darauf ab, Bedingungen zu schaffen, die Flow ermöglichen. Sein zentraler Ansatzpunkt besteht dabei ganz im Sinne von Brodbecks These der »Entscheidung zur Kreativität« in einer Veränderung der Feldwahrnehmung. Umkonstruktion und Erweiterung der eigenen Wahrnehmung sollen helfen, die Chancen zu nutzen, die in einer aktiven Gestaltung des eigenen Umfeldes liegen. Seine Ratschläge klingen zunächst einleuchtend, doch auf den zweiten Blick zu einfach.

Wie Sie das Auftreten von Flow fördern können !

- Beginnen Sie jeden Morgen mit einem konkreten Ziel, auf das Sie sich freuen können.
- Alles, was Sie gut tun, bereitet Freude.
- Um die Freude an einer Aktivität zu bewahren, müssen Sie die Komplexität erhöhen.
- Bestimmen Sie selbst über Ihre Zeiteinteilung.
- Nehmen Sie sich Zeit für Reflexion und Entspannung.
- Finden Sie heraus, was Sie am Leben lieben und was Sie hassen.

In eine ähnliche Richtung argumentiert Martin E. P. Seligman (2012), der zusammen mit Csíkszentmihályi die »Positive Psychologie« begründet und empirisch fundiert hat. Kreativität und Wohlbefinden setzen demnach die Berücksichtigung von Faktoren voraus, die er in seiner PERMA-Formel verdichtet.

> **Die PERMA-Formel**
>
> **P** Positive Emotions: Der Mensch braucht positive Emotionen im Verhältnis 3:1.
>
> **E** Engagement: Menschen werden zufriedener und können aufblühen, wenn sie ihre Stärken leben und sich für ihr Engagement einsetzen.
>
> **R** Relationship: Ein ausgebautes soziales Netzwerk positiver Beziehungen ist die Grundlage für Wohlbefinden.
>
> **M** Meaning: Wohlbefinden entsteht durch das Verfolgen von sinnvollen Zielen um ihrer selbst willen.
>
> **A** Accomplishment: Wohlbefinden entsteht durch das Erreichen selbst gesetzter Ziele.

Kreative Felder und Team-Flow entstehen aus dieser Perspektive, wenn das jeweilige Feld durch Selbststeuerung, Ermutigung, hilfreiche Beziehungen, bedeutungsvolle Herausforderungen und weitgehende Selbstbestimmung charakterisiert ist. Die nähere Betrachtung zeigt, dass in PERMA auch meine oben erwähnten »magischen Drei« mit den Prinzipien von Salutogenese, Selbstbestimmungstheorie und wertschätzender Entwicklung enthalten sind.

Die meisten von uns werden das Problem haben, dass sie nicht wissen, wie sie diese einfachen Ratschläge im Einzelnen umsetzen können. Vielleicht sind wir zu sehr in Routinen verfangen, vielleicht leben wir in ungünstigen Feldern, vielleicht sind wir auf vielfältige Weise so blockiert, dass wir nicht aus eigener Kraft den Weg zur Veränderung finden können. Dabei beginnt persönliche Veränderung oft mit simplen Schritten. Es sind die kleinen Schritte, die schwierig anzugehen sind.

Transfer

- Wann, wo und bei welcher Tätigkeit haben Sie Flow erlebt? Beschreiben Sie konkrete Situationen. Welche Rahmenbedingungen brauchen Sie, um Flow zu erleben?
- Was können Sie tun, um Ihren Alltag interessanter und anregender zu gestalten?
- Überprüfen Sie einige Ihrer Tätigkeiten nach den aufgeführten Flow-Kriterien und überlegen Sie, was Sie tun können, um diese stärker zu berücksichtigen.
- Wie können Sie sich eine kreativitätsfördernde Umgebung schaffen beziehungsweise wo können Sie entsprechende Umgebungen aufsuchen?

Grenzen des persönlichen Wandels

Was Csíkszentmihályi in seinem optimistischen, tiefe Befriedigung und Erfüllung versprechenden Flow-Konzept nicht erklärt, ist die entmutigende Tatsache, dass wir uns oftmals selbstschädigend verhalten und vergleichsweise selten die lustvollen Flow-Erlebnisse suchen. Anstatt eine komplexe, Befriedigung versprechende Tätigkeit auszuüben, zappen wir uns gelangweilt durch öde Fernsehprogramme. Wie ist das möglich, wenn Flow doch so viel mehr Befriedigung verspricht? Sollten in der Evolution noch andere Kräfte wirken als die auf Höherentwicklung abzielenden Flow-Gratifikationen?

Csíkszentmihályis und Gardners Verdienste bestehen darin, durch ihre Untersuchungen gezeigt zu haben, dass Kreativität Ergebnis einer komplexen Wechselwirkung vielfältiger Faktoren ist, von denen die besondere Begabung nur ein Faktor und oftmals nicht einmal der ausschlaggebende sein muss. So weit so gut. Die vergleichsweise simplen Appelle, die Csíkszentmihályi zur Förderung der persönlichen Kreativität ausspricht, mögen in einem gewissen Umfang hilfreich sein. Sie werden aber problematisch, wenn sie entgegen seinen eigenen komplexen Einsichten fast ausschließlich an das Individuum gerichtet sind. Die Ratschläge suggerieren, der Einzelne könne sich einfach am eigenen Schopf aus dem Sumpf ziehen.

Unsere alltägliche Erfahrung zeigt uns, dass wir einfache Ratschläge oft nicht befolgen, obwohl sie uns doch Hilfe versprechen. Meines Erachtens liegt dies zum Teil daran, dass die Vorschläge den Charakter eines Paradoxons tragen und auf die Forderung hinauslaufen: »Sei spontan!« Wie Watzlawick (1974) gezeigt hat, ist es das Wesen solcher Vorschriften oder Ratschläge, dass es unmöglich ist, sie zu befolgen. Niemand kann auf eine Aufforderung hin kreativ sein, auch nicht nach der Lektüre von Untersuchungen über Kreativität. Wir wissen, dass selbst von Experten geleitete Persönlichkeits- und Kreativitätstrainings nur eine sehr begrenzte Wirkung haben. Sicher ist es ein wichtiger Schritt, wenn man eigene Verhaltensmuster analysiert und sich mit Ratschlägen etwa in Form guter Vorsätze auseinandersetzt. Aber wir wissen auch, dass uns persönliche Paradigmen und unser soziokulturelles Umfeld daran hindern können, Ratschläge einfach umzusetzen. Auch wenn wir eine individuelle Entscheidung zur Kreativität treffen, dann benötigen wir einen stützenden Rahmen.

Wenn wir aber wirklich Kreativität fördern wollen, dann müssen wir einen Schritt weiter gehen und unser Umfeld schrittweise so ändern, dass es zu einem Kreativen Feld wird. Flow wird dann entstehen, wenn das Feld, in dem ich lebe und arbeite, so strukturiert ist, dass es Flow herausfordert.

Wie wir wissen, ist die Mehrzahl unserer Institutionen und Organisationen nach Prinzipien konstruiert, die eher zur Demotivierung der Kreativen geeignet sind, weswegen es doch erheblich schwerer ist, sich entsprechende Bedingungen zu schaffen, als Csíkszentmihályis Ratschläge es nahelegen.

Allerdings müssen wir bei dem Versuch, unsere soziale Umwelt umzugestalten, nicht bei null anfangen. Schon seit langem haben Psychologen und Pädagogen erkannt, dass die Gestaltung des Umfeldes ein wirksames Instrument der Kreativitäts- und Entwicklungsförderung ist. Verschiedene pädagogische Ansätze, wie etwa die Montessori-Pädagogik oder die Freinet-Pädagogik versuchen genau das. Sie gehen von der empirisch belegten These aus, dass eine entsprechend vorbereitete, anregungsreiche Umgebung Schüler dazu führt, Interesse an der Ausübung komplexer Tätigkeiten und an eigenständigem Lernen zu entwickeln. Hierzu sind zahlreiche Gestaltungsvorschläge und Unterrichtskonzepte entwickelt worden, die die Selbstorganisationsfähigkeit des Individuums durch eine entsprechend gestaltete Umgebung fördern. Die bereits erwähnten Forscher Cummings und Oldham haben die Bedeutung einer kreativitätsfördernden Arbeitsumgebung für den Bereich von Betrieben nachgewiesen.

Eine vielfältig gemischte Gruppe zu bilden, die sich innerhalb gewisser Grenzen selbst regulieren kann, ist wahrscheinlich der beste Weg, um Flow-Erlebnisse und kreative Konkurrenz herauszufordern.

Leider aber werden schon unsere Jüngsten nach Alterskohorten sortiert und rücken nach dem Fließbandmodell durch die Jahrgangsstufen des Bildungssystems auf – ein Modell, das wie der britische Erziehungswissenschaftler Ken Robinson gezeigt hat, völlig überholt ist und zudem die natürliche Kreativität der Kinder abtötet. In einem faszinierenden Video, das von einem fantastischen Zeichner gestaltet ist, illustriert er seine These überzeugend (www.youtube.com/watch?v=zDZFcDGpL4U) und zeigt, dass wir in unserem Bildungssystem einen Paradigmenwechsel benötigten: Statt Standardisierung und permanenter Testung geht es im Sinne der Positiven Pädagogik (Burow 2011) darum, individuelle Begabungen zu entdecken, zu fördern und zur Bildung kreativer Teams zu nutzen. »Learning to be creative« ist aus seiner Sicht die zentrale Herausforderung, die darauf abzielt, die Trivialisierung des Lernens durch die traditionellen Bildungssysteme zu überwinden. Durch die derzeit vorherrschende Tendenz zur Standardisierung und Uniformisierung der Bildung im Zeichen globalen Konkurrenzdrucks wird Vielfalt eliminiert. Auf diese Weise verkommen viele unserer Institutionen und Organisationen zu antikreativen Feldern, weil sie sich von der Mitarbeiterauswahl bis hin zur Arbeitsplatzgestaltung an engen Zielen orientieren und zu wenig Gestaltungsspielraum geben. Allzu oft erleben wir Frustration statt Flow.

Ein erster Schritt, um aus dieser Sackgasse kreativitätsfeindlicher Umgebungen und Regelungen herauszukommen und persönliche Begrenzungen zu überwinden, besteht darin, das Wissen der Beteiligten über gelingende Lehr-/Lern- und Arbeitssituationen freizusetzen, denn jeder von uns verfügt über ein breites Spektrum an individuellen Flow-Erfahrungen, deren Austausch zu einer Triebfeder für persönlichen und institutionellen Wandel werden kann.

Deshalb beginnen wir unsere Zukunftswerkstätten, die wir in den letzten Jahren mit einer Vielzahl Organisationen, vor allem Bildungseinrichtungen, Kommunen, Parteien, Verbänden und Unternehmen durchgeführt haben, mit einer »Wertschätzenden Befragung«: Die Beteiligten sollen eine Situation beschreiben, in der Lernen, Lehren oder ihre jeweilige Arbeitsaufgabe erfolgreich bewältigt wurde. Auf einem Blatt notieren sie ein Symbol für die emotionale Qualität dieser Erfolgssituation, finden ein Wort, Motto oder Slogan und skizzieren darunter in wenigen Spiegelstrichen, was das Besondere dieses Erlebnisses war. Sodann treffen sich alle auf dem »Marktplatz« und bilden nach ähnlichen Symbolen Gruppen, die ihre Geschichten austauschen, eine für den Vortrag im Plenum auswählen und drei gemeinsame Erfolgsprinzipien auf grüne Karten schreiben.

Nachdem wir dann aus jeder Gruppe die jeweilige Geschichte gehört haben, clustern wir die Prinzipien. Die Teilnehmer, gleich ob Mitarbeiter von Betrieben wie Sicherheitsingenieure, Meister, Bankbeamte et cetera oder Mitglieder von Bildungseinrichtungen wie Lehrer, Eltern oder Schüler tragen meist faszinierende Flow-Erfahrungen vor, die – wie das Clustern der Begriffe dann eindrucksvoll zeigt – auf einigen wenigen Prinzipien beruhen, die den Flow-Kriterien Csíkszentmihályis, der PERMA-Formel Seligmans sowie meinen »magischen Drei« entsprechen.

Die für die Beteiligten überraschende Erfahrung dieser gemeinsam geteilten Sicht für Bedingungen erfolgreichen Arbeitens und kreativer Kooperation bildet dann den Ausgangspunkt, darüber nachzudenken, wie man den Wandel vom fragmentierten Arbeitsplatz oder der traditionellen Unterrichtsanstalt zum Kreativen Feld (Burow/Pauli 2010) einleiten kann. Hier stellt sich die grundsätzliche Frage, ob und wie man Kreative Felder aktiv erzeugen kann.

Kann man Kreative Felder erzeugen?

»Das Erzeugen von Feldern ist nicht nur die Aufgabe der Führungskräfte, sondern ebenso die eines jeden Mitarbeiters. In einem von Feldern erfüllten Raum gibt es keine unwichtigen Mitspieler.«

Margaret J. Wheatley

»Wenn einer allein träumt, so ist das nur ein Traum. Wenn viele gemeinsam träumen, so ist das der Beginn einer neuen Wirklichkeit.«

Dom Helder Camara

In diesem Kapitel werden wir uns mit der Frage beschäftigen, auf welche Weise es möglich ist, Kreative Felder bewusst zu konstruieren. Sie werden eine Definition Kreativer Felder kennenlernen und Schlüsselkonzepte. Sie werden sehen, dass das Entstehen Kreativer Felder überraschende Parallelen mit dem Geschehen auf einer Tanzfläche zeigt. Und schließlich werde ich als ersten Schritt hin zu einem persönlichen Kreativen Feld eine Synergieanalyse vorstellen. So können Sie mithilfe dieses Verfahrens Ihre Schwächen in Stärken verwandeln.

Das Prinzip Ermutigung

»In jedem von uns steckt sehr viel mehr, als er selber weiß.«
Robert Jungk

Die Idee des Kreativen Feldes ist untrennbar mit dem Futurologen und Begründer der Zukunftswerkstatt Robert Jungk verbunden. In seiner Autobiografie »Trotzdem. Mein Leben für die Zukunft« (1993) zeigt er in seiner aufregenden Reise durch dieses Jahrhundert, wie es einem kreativen Menschen gelingen kann, selbst unter extremsten gesellschaftlichen Bedingungen am Ziel engagierter Zukunftsgestaltung festzuhalten. Im Jahr 1992 führte ich mit ihm ein Interview, das Sie – als Zeitdokument – unter www.youtube.com/watch?v=e8oGr2AuQ5U – betrachten können.

Auf meine Frage, wie er seinen Optimismus in den düsteren Zeiten der faschistischen Diktatur bewahren konnte, erzählte er von einem magischen Gegenstand, der ihn sein Leben lang begleitete. Als Kind hatte er ein Stehaufmännchen geschenkt bekommen. Sooft man es auch umzuwerfen sucht, steht es doch gleich wieder auf. Dieses verinnerlichte Bild des Stehaufmännchens sei zum Leitmotiv seines Lebens geworden und habe ihn davor bewahrt aufzugeben. Auf meine Frage, ob es noch einen Traum gebe, der ihm in seiner verbleibenden Lebenszeit am Herzen liege, antwortete er ganz im Sinne seines lebenslang vertretenen Prinzips »Ermutigung«: »Meine größte Sehnsucht ist, dass die vielen unterdrückten, nie ins Spiel gekommenen Kräfte der vielen Menschen, die an viel zu frühen Momenten abschalten, ausschalten, nur noch mitmachen, mitlaufen, dass dieser enorme Schatz, der in Milliarden Menschen steckt, dass der gehoben wird. Ich glaube, dass das möglich ist« (Burow/Neumann-Schönwetter 1995, S. 104).

Ich gebe zu, dass ich bei aller Skepsis von diesem Optimismus angesteckt bin, der mich auch ermutigt hat, eine Vision zu entwerfen, wie man Kreative Felder initiieren kann. Dieser naiv anmutende Optimismus ist mir jedenfalls sympathischer als ein resigniertes Sich-Abfinden mit den sich zuspitzenden Problemlagen – beschreibt sie doch eine Position, die das Leben selbst unter den Bedingungen der Risikogesellschaft lebenswert und sinnvoll machen kann. Doch Jungk ist nicht bei der Formulierung seiner Vision stehengeblieben, sondern hat als wacher Beobachter sozialer Innovationen neue Formen kollektiver Kreativität untersucht. Jungk war – wie sich heute zeigt – seiner Zeit weit voraus und das von ihm entwickelte Modell der Zukunftswerkstatt ist in modifizierter Form nach wie vor wegweisend und wie unsere Arbeit mit einer Vielzahl von Organisationen belegt, höchst wirksam. Jungk war ein früher Initiator und Praktiker des Kreativen Felds.

Seine Ideen und Konzept lieferten wichtige Anstöße für meine Theorie Kreativer Felder, deren Kern ich jetzt definieren möchte.

Was ist ein Kreatives Feld? Eine Definition und ein Schlüsselkonzept

Im Prolog habe ich anhand der Gründungsgeschichte der Comedian Harmonists ein Beispiel dafür gegeben, wie ein Kreatives Feld entsteht. Wenn Sie sich noch einmal die kursiv gesetzten Textstellen des Prologs ansehen, dann werden Sie bemerken, dass die Comedian Harmonists intuitiv einige der Schlüsselkonzepte realisiert haben, die ich nachfolgend als Mittel zur Bildung Kreativer Felder beschreibe.

Um eine tragfähige Definition des Kreativen Feldes zu finden, müssen wir uns zunächst an das Kapitel »Kreativität gibt es nur im Plural« erinnern, in dem ich einige Überlegungen zum Zusammenhang von Kreativität und Feld skizziert habe. Wie wir sahen, zieht Lewin Parallelen zwischen den Konstruktionsprinzipien, die ein physikalisches Feld mit seinen Druck- und Zugkräften bestimmen und dem persönlichen Feld beziehungsweise »Lebensraum«, in dem die Person ebenfalls Valenzen ausgesetzt ist. Weiter haben wir erstaunliche Parallelen zwischen den Feldbetrachtungen aus unterschiedlichen Wissenschaftsdisziplinen erkannt. Aber wie muss nun ein Feld beschaffen sein, das günstige Rahmenbedingungen für die Entfaltung unserer schöpferischen Potenziale bieten kann?

> Das Kreative Feld zeichnet sich durch den Zusammenschluss von Persönlichkeiten mit stark unterschiedlich ausgeprägten Fähigkeiten aus, die eine gemeinsam geteilte Vision verbindet: Zwei (oder mehr) unverwechselbare Egos, die sich trotz ihrer Verschiedenheit ihres gemeinsamen Grundes bewusst sind, versuchen in einem wechselseitigen Lernprozess ihr kreatives Potenzial gegenseitig hervorzulocken, zu erweitern und zu entfalten.

Die wesentlichen Elemente des kreativen Schaffens, nämlich die begabte Persönlichkeit, ein kreativer Schaffensprozess und das Produkt werden durch die Struktur des Feldes in besonderer Weise organisiert. Kreative Felder sind durch eine dialogische Beziehungsstruktur (Dialog), durch ein gemeinsames Interesse (Produktorientierung), durch eine Vielfalt unterschiedlicher Fähigkeitsprofile (Vielfalt und Personenzentrierung), durch eine Konzentration auf die Entfaltung der gemeinsamen Kreativität

(Synergieprozess), durch eine gleichberechtigte Teilhabe, ohne Bevormundung durch »Experten« (Partizipation) sowie durch ein kreativitätsförderndes soziales und ökologisches Umfeld (Nachhaltigkeit) charakterisiert. Mit diesen Begriffen sind zentrale Schlüsselkonzepte benannt, die zur Ausbildung eines Kreativen Feldes beitragen.

Schlüsselkonzepte zur Schaffung eines Kreativen Feldes

- Dialog
- Vision und Produktorientierung
- Vielfalt
- Personenzentrierung
- Synergieprozess
- Partizipation
- Nachhaltigkeit

Dialog Martin Bubers (2006) Untersuchung mit dem Titel »Das dialogische Prinzip« zeigt sehr anschaulich, wie sich das, was wir sind, also unsere einmalige, unverwechselbare Persönlichkeit sich erst im Dialog zwischen Ich und Du konturiert. Seine Untersuchung bestätigt mich in meiner Auffassung, dass das kreative Produkt nicht aus den unergründlichen Tiefen eines isolierten Geistes entsteht, sondern immer auch Ergebnis einer Kette berührender zwischenmenschlicher Begegnungen ist. Ähnlich argumentiert auch der Paartherapeut Jürg Willi (2005), der mit dem Begriff der Ko-Evolution den Aspekt der gemeinsamen Entwicklung hervorhebt. Anhand von Beispielen aus seiner therapeutischen Praxis zeigt er, wie Paare ein gemeinsames Anregungsfeld bilden, das über die Entfaltungsmöglichkeiten des (scheinbar) Einzelnen entscheidet. Anhand von familiendynamischen Analysen vertritt er sogar die These, dass die familiären Beziehungsfelder, aus denen eine Person kommt, einen bestimmenden Einfluss darauf ausüben, welche Synergiepartner sie wählt. Die persönliche Entfaltung ist so immer auch Ausdruck heutiger und früherer Beziehungsfelder, die auf mich einwirken, auch wenn ich mir dieser Kräfte nicht bewusst bin.

Der Physiker David Bohm (2014) stellte die These auf, dass unsere Kreativität vor allem durch den Umstand behindert wird, dass wir zu wenig die Struktur unseres Denkens in Bezug auf andere beachten. Wir nehmen häufig eine bestimmte Position im Feld ein und identifizieren uns völlig mit ihr. Wenn ein Gegenargument kommt, fassen wir das als persönlichen Angriff auf und nehmen eine Verteidigungs- oder Angriffshaltung ein. Jeder Erkenntnisfortschritt wird auf diese Weise wirkungsvoll verhindert. Eine Lösung liegt Bohm zufolge im Bilden von Dialoggemeinschaften: 20 bis 40 Personen treffen sich zu einem sie interessierenden Thema und versuchen, aufmerksam der Struktur ihres Denkens und ihrer Empfindungen zu folgen. Ziel ist es, einen Zustand des Schweben-Lassens zu erreichen, in dem niemand vorschnell Position bezieht, sondern alle darauf achten, welche Wirkungen verschiedene Argumente auf die Einzelnen haben. Nach und nach entsteht so eine dialogische Haltung abseits aller Macht- und Verteidigungsspiele, und echter Erkenntnisfortschritt wird möglich.

Der Dialog zielt auf einfühlendes Verstehen als gegenseitiges Hervorlocken und Anregen und nicht auf Beherrschen und Zerstören ab. Dialogfähigkeit erfordert im Sinne v. Foersters die Kultivierung der Fähigkeit, sich sowohl verunsichern als auch anregen zu lassen. Erst im Dialog sind wir fähig, den Reichtum wahrzunehmen, der uns umgibt und nur der Dialog gibt uns die Möglichkeit, die nötigen Anregungspotenziale zu erschließen, um zu echter Kreativität durchdringen zu können.

Im Kapitel »Mit Teamkreativität zum Erfolg« habe ich die Jazzband als Führungsmodell der Zukunft beschrieben, weil Jazzmusiker über hervorragende Dialogfähigkeiten verfügen müssen. Nur wenn sie auf ihre Mitspieler hören, deren Themen aufgreifen und weiterentwickeln, sich aber auch wieder zurücknehmen und anderen Raum lassen, wird ein interessantes Stück entstehen. Die Comedian Harmonists mussten hart daran arbeiten, diese Fähigkeit zum Aufeinanderhören zu entwickeln.

Harmonie, Rhythmus, Polyphonie, Resonanz, Lautstärke et cetera müssen in einem Kreativen Feld optimal aufeinander abgestimmt sein. Der Dialog macht es möglich.

Vision und Produktorientierung Produktorientierung bedeutet, dass wir uns gemeinsam auf ein Ziel einigen, für dessen Erreichung wir unser kreatives Potenzial in gegenseitiger Anregung koordinieren und entwickeln wollen.

Produktorientierung sollte aber andererseits nicht dazu verleiten, ein genau umrissenes Ziel zu früh verbindlich festzuschreiben. Eine solche Sicht verkennt, dass schöpferische Prozesse komplizierten Mustern folgen. Die tastende gegenseitige Anregung im Dialog gehört ebenso dazu wie das Formulieren erster Fragen und Hypothesen. Gleichermaßen selbstverständlich sind aber auch Phasen des Verwerfens und des Neuformulierens der Aufgabenstellung. Die Mitglieder haben sich zwar alle einer gemeinsam geteilten Vision verschrieben und sind bereit, miteinander Neues zu schaffen, ohne dass Einzelne im Vorhinein bestimmen könnten, was am Ende dabei herauskommt.

Bei einer Vielzahl von Autoren herrscht eine große Einigkeit, dass für die Initiierung eines erfolgreichen kreativen Prozesses drei Voraussetzungen gegeben sein müssen:

- Es muss eine Vision vorhanden sein.
- Einer oder mehrere müssen diese Vision überzeugend verkörpern.
- Und diese Vision muss andere faszinieren.

Harry Frommermann war beflügelt von der Vision einer neuartigen Gesangsgruppe und er war in der Lage, diesen Zukunftstraum so packend zu vermitteln, dass er zum Anziehungspunkt beziehungsweise Kristallisationskern im Feld wurde. Die Beatles, ihren Manager Brian Epstein und ihren Produzenten George Martin verband die Vision, gemeinsam den »Durchbruch« zu schaffen. Bill Gates und Paul Allan, die Gründer von Microsoft, träumten schon früh davon, etwas mit Computern zu machen. Steve Jobs und Steve Wozniak, die Gründer von Apple, träumten von der Befreiung von Big Blue (IBM). Und Sergey Brin und Larry Page, die Google gründeten, wollten das gesamte Wissen verfügbar machen.

Der Managementexperte Warren Bennis hat die »Geheimnisse kreativer Zusammenarbeit« (The secrets of creative collaboration) anhand einer Analyse hochleistungsfähiger Gruppen untersucht: »Und in diesen Gruppen gab es jedes Mal, wenn wirkliche Durchbrüche erzielt wurden, einen ›Anführer‹, der es verstand, andere auf eine faszinierende, außergewöhnliche, signifikante Vision einzuschwören. Da war also jemand, der in der Lage war, Anhänger, ›Fans‹ zur Zusammenarbeit zu begeistern. Alle waren davon überzeugt, sie könnten Berge versetzen« (Bennis 1997, S. 240).

Aber Vorsicht, so beeindruckend Bennis' Analyse im Einzelnen auch sein mag, der Ausdruck »Anführer« weckt falsche Assoziationen. Besser wäre es, von »Anregern«, »Impulsgebern im Feld«, »Kristallisationskernen«, »Verdichtern« zu sprechen. Das Anführermodell ist linearem Denken verhaftet. Meine Untersuchungen haben ergeben, dass fast alle Mitglieder eines funktionierenden Feldes im Sinne der Aufgabenrotation zeitweise zu »Anführern« werden können. Anhand der Arbeitsteilung der Comedian Harmonists haben wir gesehen, dass sich die Führung aufgaben- und fähigkeitsbezogen auf verschiedene Schultern verteilte. Die profilierten Egos koordinierten ihre unterschiedlichen Fähigkeiten im Team. Erst dadurch war der kreative Fortschritt möglich. Wenngleich Harry Frommermann ohne Zweifel der entscheidende Kristallisationskern war, der zur Schaffung des Kreativen Feldes der

Comedian Harmonists den Anstoß gab, nahmen doch auch Robert Biberti und Erwin Bootz in kritischen Phasen eine herausragende Position ein.

Die Funktion des Kristallisationskerns kann von verschiedenen Mitgliedern des Feldes ausgefüllt werden, oft gibt aber eine einzelne begeisterte Person den Anstoß zum Feldbildungsprozess. Diese Führungsfunktion fällt zunächst ihr zu, weil sie in der Lage ist, die Vision einleuchtend und anziehend zu vermitteln. Insofern könnte man auch sagen, dass sich das Feld aktiv seinen Kristallisationskern sucht. Produktorientierung verstehe ich also als eine verbindende, allen gemeinsame optimistische Zuversicht, die davon ausgeht, dass wir in der Lage sind, gemeinsam ein kreatives Produkt zu schaffen.

Zielorientierung und Offenheit als scheinbar sich ausschließende Gegensätze sind elementare Bestandteile des kreativen Prozesses. Anders als bei der individualisierten Genie-Kreativität können im Fall kollektiver Kreativität Rückschläge besser verkraftet werden, weil sie durch das Kreative Feld besser abgefedert werden können. Wir erinnern uns: Als Frommermann aufgrund des gescheiterten Vorsingens geknickt war, richtete Biberti die Gruppe wieder auf.

Vielfalt Der kreative Prozess, so wie ich ihn hier verstehe, lebt davon, Vielfalt zuzulassen. Indem ich meinen begrenzten Blickwinkel überwinde und mich von den verschiedenartigen Reizen eines Kreativen Feldes anregen lasse, entwickle ich mich selbst, das Feld und das kreative Produkt. Frommermann wollte ein unverwechselbares Ensemble schaffen und schrieb Arrangements für eine Gruppe, die zunächst nur in seiner Vorstellung existierte. Man könnte sagen, dass Frommermann ein »virtuelles Feld« entworfen hatte, das ihn und andere anzog. Doch dieses virtuelle Feld wurde erst dadurch zu einem realen Feld, dass er passende Mitglieder suchte und ihnen gestattete, ihre Egos mit ihren unverwechselbaren persönlichen Profilen in seinen Traum einzubringen. Wäre seine Vision zu eng gewesen und hätte er sich nicht auf die Ideen und Anregungen der neuen Mitglieder eingelassen, dann hätten die Lieder nie die einzigartige Qualität erreicht, die wir noch heute bewundern.

Kreativität gibt es nur im Plural, weil erst die besondere Mischung von für sich genommen unspektakulären »Zutaten« das Neue entstehen lässt. In der Regel glauben wir, dass ein kreativer Prozess völlig neuartige Fähigkeiten voraussetzt. Doch die Analyse des gemeinsamen Schöpfertums der Comedian Harmonists zeigt, dass die nötigen »Zutaten« im Wesentlichen bereits vorhanden waren. Nicht allein Bootz' professionelle Überarbeitung der laienhaften Arrangements Frommermanns, sondern vor allem auch die Zusammenführung der unterschiedlichen Fähigkeiten der übrigen Mitglieder, ließen diese unverwechselbare Mischung entstehen, die den Kern des Neuen ausmacht. Das Beispiel zeigt: Wenn wir uns von dem Bild des genialen Einzelschöpfertums freimachen und es ertragen, unsere Vision durch andere anreichern und verändern zu lassen, dann kann aus einem persönlichen Traum ein faszinierendes Produkt entstehen, das wir gemeinsam schaffen. Dieses Produkt ist gerade deshalb so anziehend, weil es in seiner Gestalt die Vielfalt verkörpert, die profilierte Persönlichkeiten eingebracht haben.

Jeder von uns trägt ungenutzte Potenziale in sich, von denen er oft nichts weiß. Manchmal entdecken wir sie bei anderen, etwa wenn wir erleben, dass ein Mensch, den wir zu kennen glauben, plötzlich Fähigkeiten zeigt, die uns überraschen und unser Bild von der Person grundlegend verändern. Der Grund dafür liegt in der Wirkung des veränderten Kontextes. Ein verändertes Kräftefeld, eine neue Mischung, die durch das Zulassen von Vielfalt in der Begegnung entsteht, ermöglicht es, Fähigkeiten zu zeigen, von denen wir nichts wissen. Wir sprechen dann oft davon, dass jemand über sich hinauswächst. In diesem Bild des Über-sich-Hinauswachsens steckt ein intuitives Wissen über den kollektiven

Charakter des kreativen Prozesses: Meine Stärken und Schwächen verbinden sich nicht nur mit denen meiner Synergiepartner, sondern ich werde auch herausgefordert, meine ungenutzten schöpferischen Fähigkeiten zu entfalten.

Überragende schöpferische Leistungen, die oft aus dem »Nichts« zu entstehen scheinen, sind Ergebnis einer Neukombination von Fähigkeiten der Egos im Kreativen Feld. Kreativität gibt es nur im Plural: Sie entsteht aus der »richtigen« Mischung.

Personenzentrierung Personenzentrierung meint, dass sich nur profilierte Egos zu einem Kreativen Feld zusammenschließen können. Der Idee kollektiver Kreativität haftet die Vorstellung an, man müsse zugunsten des Kollektivs seine Individualität aufgeben.

Wie ich gezeigt habe, ist das Gegenteil der Fall: Frommermann beharrte eigensinnig auf seiner Vision, obwohl von seinen persönlichen Fähigkeiten und den materiellen Umständen her die nötigen Voraussetzungen nicht gegeben schienen. Gerade sein profiliertes Ego, zu dem auch seine Schwächen gehörten, machten ihn zu einem attraktiven Anziehungspunkt für andere, die über die nötigen Fähigkeiten verfügten, die ihm fehlten. Dieses Beispiel zeigt: Mit einem unverwechselbaren persönlichen Profil kann ich zu einem Kristallisationskern im Feld werden. Um dies zu erreichen, muss ich mich von dem falschen Anspruch lösen, dass ich alles selbst können muss. Wie ich in der Synergieanalyse (s. S. 193) zeigen werde, können gerade die Schwächen zu attraktiven Anziehungspunkten für mögliche Synergiepartner werden.

Warren Bennis hat anhand von Erfolgsteams gezeigt, dass sie aus einer vielfältigen Mischung unverwechselbarer Egos bestehen. Manche dieser profilierten Persönlichkeiten könnten uns in anderen Kontexten durchaus als skurrile Gestalten erscheinen. Erst das Kreative Feld gibt ihnen die Möglichkeit, aus ihren Stärken und Schwächen das Beste zu machen. Kreativität gibt es nur im Plural der konstruktiv miteinander arbeitenden Egos. Voraussetzung dafür ist, dass ich lerne, mein persönliches Profil zu erkennen und zu akzeptieren. Wir müssen uns freimachen von der illusionären Vorstellung der unerreichbaren kreativen Persönlichkeit. Jeder von uns kann kreativ sein, wenn er zu sich selbst findet und seine eigene »Berufung« entdeckt. Die eigene Berufung ist das, was mich aus meinem Innersten heraus antreibt. Sie zeigt sich in Tätigkeiten, in denen ich »in meinem Element« bin (Robinson 2010) und »Flow« erlebe. Ob ich aus meinem Ego etwas machen kann, hängt davon ab, ob ich den für mich passenden Kontext, also mein persönliches Feld finde.

Von Maria Montessori über Celestin Freinet, Carl Rogers – um nur einige zu nennen – zieht sich eine breite Argumentationslinie von Pädagogen und Psychologen durch unser Jahrhundert, welche die Bedeutung des Konzepts der Personenzentrierung für die Entfaltung des kreativen Potenzials betonen. Aufgrund genauer Beobachtung haben sie herausgefunden, dass es bei der optimalen Entfaltung darauf ankommt, die subjektiven Lernstrategien und Lernpraxen der Individuen ernst zu nehmen. Jeder von uns lernt ein wenig anders, weil jeder seinen Lebensraum, sein Umfeld mit seinen persönlichen Valenzen versieht. Deshalb muss ich auch jedem die Möglichkeit geben, seinen eigenen Weg zu finden. Wenn wir also Kreative Felder schaffen wollen, dann geht es weder darum, Personen mit Druck auf ein gemeinsames Ziel einzuschwören, noch darum, Bildungs- und Qualifizierungsprozesse zu organisieren, die alle auf ein »gleiches« Niveau heben wollen. Vielmehr müssen wir offene Räume schaffen, in dem die Beteiligten ihre Stärken und Schwächen erforschen können und Wege finden, wie sie diese bezogen auf das gemeinsame Ziel so kombinieren können, dass alle über sich hinauswachsen.

Gemeinsames Schöpfertum funktioniert erst auf der Basis profilierter Individualität. Das Zulassen von Eigensinn ist eine Voraussetzung für das Entstehen von Gemeinsinn.

Synergieprozess Den kreativen Prozess, der auf Team-Flow basiert, verstehe ich als Synergieprozess: Wenn zwei oder mehr Personen so zusammenarbeiten, dass sie sich in kreativer Konkurrenz gegenseitig herausfordern, kann jeder der Beteiligten über sich hinauswachsen. Das kreative Produkt enthält dann »mehr«, als man aus der bloßen Addition der Einzelfähigkeiten erwarten könnte. In Synergieprozessen gilt die Formel 1+ 1= 2 nicht mehr, sondern 1+1 kann durchaus 2,5 oder 3 oder 10 ergeben. Diese erstaunliche Steigerung ergibt sich aus dem Umstand, dass in der Begegnung verborgene Kräfte freigesetzt und miteinander kombiniert werden können, die das Feld hervorlockt.

Viele Menschen leben unter ihrem Wert, weil sie die Möglichkeiten, die in günstigen Synergiebeziehungen liegen, nicht nutzen können. Erst das geeignete Feld gibt mir die Chance, persönlich zu wachsen. So ergeben sechs bestens ausgebildete Musiker allein noch lange nicht die Comedian Harmonists. Es kommt vielmehr auf die richtige Mischung und die ausgewogene Energiebalance im Feld an, die erst Synergie ermöglichen.

Diesen Gedanken versuchte ich 1999, als ich zum ersten Mal die Theorie des Kreativen Feldes entwickelte, anhand der Beatles und der Entwicklung des PC durch Steve Jobs und Steve Wozniak darzustellen. Die Beatles und das Entstehen von Apple erschienen mir als Modelle für ein funktionierendes Kreatives Feld – und so habe ich diese in »Ich bin gut – wir sind besser. Erfolgsmodelle kreativer Gruppen« (Burow 2000) detailliert ausgeführt. Meine damalige These wurde unlängst auf ungewöhnliche Weise bestätigt: In einem Interview aus dem Jahr 2003, das 2011 auf YouTube hochgeladen wurde, beschreibt Steve Jobs die Beatles als sein Modell des optimalen Teams: »My model for business is The Beatles ... They were four guys who kept each other's kind of negative tendencies in check. They balanced each other and the total was greater than the sum of its parts. That's how I see business. *Great things are never done by single persons. They are done by a team of people.*« (www.youtube.com/watch?v=1QfK9UokAIo).

Steve Jobs bestätigt hier mein Modell: Kreativität ist nur als Synergieprozess denkbar, auch wenn unsere vereinfachende Betrachtung überragende Neuschöpfungen allein den als genial bewunderten Individuen zurechnet. Synergieprozesse sind nicht nur Grundlage der Musik der Comedian Harmonists oder der Beatles. Angesichts zahlreicher Beispiel aus fast allen Disziplinen und Wissensgebieten wie sie Keith Sawyer (2007) in seinem Werk »Group Genius« differenziert beschrieben hat, sollten wir von der Glorifizierung des Einzelschöpfers Abschied nehmen. Dies gilt, wie er zeigt, selbst für Literatur und Malerei. Seine Schlussfolgerung etwa aus der Analyse wie Tolkien aufgrund der Anregungen seines Kreativkreises, den »Inklings«, den »Herr der Ringe« entwickelte oder wie Orville und Wilburg Wright 1903 der erste Motorflug gelang, ist eindeutig: »Collaboration is the secret to breakthrough creativity« (Sawyer 2007, S. IX).

Ob es sich um die Erfindung des Mountainbikes handelt, die Erfindungen des Fernsehens, die Entwicklung von Fantasyliteratur, innovative Malstile etwa durch Picasso und Braque – stets ist der »Groupflow« entscheidend, der oft allerdings erst durch differenzierte Analysen sichtbar wird. Wer sich zum Beispiel mit dem Schaffensprozess Bertolt Brechts auseinandersetzt, trifft auf ein ganzes Netz von Synergiebeziehungen, in denen insbesondere Frauen eine Schlüsselstellung einnahmen. Brecht war ein Meister darin, »invisible cooperation« zu nutzen. »Ich fragte nicht nach meinem Anteil«, betitelt Sabine Kebir (1997) ihre Untersuchung, in der sie zeigt, dass Elisabeth Hauptmann, aber auch eine Reihe anderer Autorinnen einen wesentlichen Anteil an Brechts Werk hatten.

Wenn meine These stimmt, dann besteht eine Grundbedingung für die optimale Entfaltung unseres nicht genutzten kreativen Potenzials in der bewussten Gestaltung eines solchen Synergieprozesses.

Wie wir sehen werden, gehört dazu eine Synergieanalyse, in der ich meine eigenen Synergiepotenziale entdecke. Darunter verstehe ich Bereiche, in denen ich Ergänzung wünsche, sowie die Bereiche, in denen ich selbst ein günstiger Synergiepartner bin. Der Pianist der Comedian Harmonists Erwin Bootz weist zwar darauf hin, dass Harry Frommermann das musikalische Handwerk von ihm gelernt habe, doch die kreativen Arrangements schrieb Frommermann: »Und dann hat er sehr gute Arrangements gemacht, wirklich sehr gute, denn für mich wäre das zuviel gewesen. Alles allein machen zu wollen, dazu war ich zu faul« (Fechner 1998).

Wenn man die passenden Synergiepartner findet, dann braucht man nicht alles allein zu machen, ja, man kann sogar durch »Faulsein« die Qualität des kreativen Produkts noch steigern, weil man den anderen Raum lässt, ihre Ideen und Fähigkeiten einzubringen. Kreativität ist Synergiebalance im Feld, ist Ausbalancierung der Egos im Team. In der Entdeckung unseres gemeinsamen Grundes und der Nutzung unserer Unterschiede zur gegenseitigen Hervorlockung unserer Potenziale entfalten wir eine synergetische Kreativität. Diesem Konzept liegt die Einsicht zugrunde, dass niemand wirklich unbegabt ist. »Jedes Kind ist hoch begabt« lautet denn auch der Titel eines Buches des Neurobiologen Gerald Hüther (2012). Er meint damit nicht Hochbegabung, die durch einen IQ über 130 definiert ist, sondern ganz im Sinne meiner Theorie, dass jedes Kind, bei geeigneter Förderung und in passender Umgebung, mit seinen begrenzten Fähigkeiten zu Höchstleistungen beitragen kann. Leider sind zu viele unserer traditionell aufgestellten Schulen und Bildungseinrichtungen, aber auch Firmen und sonstige Organisationen nicht auf Talenterkennung, Talentförderung und Teamlernen eingestellt.

Die Theorie des Kreativen Feldes zeigt, dass es in vielen Fällen weniger auf die selten anzutreffende Genialität ankommt, sondern darauf, was man aus den vorhandenen Fähigkeiten macht, um Team-Flow zu ermöglichen. Es kommt darauf an, aus vermeintlichen Nachteilen Vorteile zu machen. Ob ich mit meinen begrenzten Fähigkeiten etwas Schöpferisches leisten kann, hängt nicht allein von meiner Person ab, sondern davon, ob es mir gelingt, ein geeignetes Synergiefeld zu finden oder zu schaffen. Der Schlüssel dazu ist die Ausbildung einer differenzierten Selbst- und Feldwahrnehmung.

Der Synergieprozess zwischen zwei oder mehreren Personen basiert nicht auf unbedingter Harmonie. Ganz im Gegenteil können konstruktive Formen der kreativen Konkurrenz dazu beitragen, dass man sich wechselseitig zu Bestleistungen anspornt. Durch die Kreative Konkurrenz entsteht im Synergiefeld die notwendige Spannung, die es dem Einzelnen erst ermöglicht, sein unerschlossenes kreatives Potenzial zu bergen.

Partizipation Das Konzept des Kreativen Feldes zielt auch darauf ab, bescheidener zu werden und unsere Größen und Allmachtsfantasien auf ein angemessenes Maß zu reduzieren. Csíkszentmihályis Untersuchung hat deutlich gemacht, in welchem Ausmaß es darauf ankommt, zur richtigen Zeit in der richtigen Disziplin im richtigen Feld zu sein, um als kreativer Schöpfer anerkannt zu werden. Mit Gardner ist uns deutlich geworden, dass Kreativität nicht allein in der Person zu verorten ist, sondern in Wechselwirkung mit der Umwelt entsteht. So hat Malcom Galdwell (2002) gezeigt, dass all die Lichtgestalten des Computerzeitalters zwischen 1953 und 1956 im Silicon-Valley geboren wurden. Man braucht also nicht nur ein gewisses Talent und die passenden Partner – man muss auch zur richtigen Zeit am geeigneten Ort sein. Doch in Zeiten der Digitalisierung aller Bereiche kann dieser Ort auch im Netz liegen.

Wir wissen nun auch, dass komplexe soziale Systeme nur dann wirkungsvoll zu beeinflussen sind, wenn man die Mitglieder dieses Feldes erreicht und ihre Kompetenzen nutzt. In vielen komplexen Feldern wie Firmen und Institutionen wissen die Mitglieder um die Probleme des Feldes, aber ihr Wissen wird häufig nicht abgefragt. Stattdessen versucht man die Mängel durch Expertenrat von außerhalb zu erfassen. Auf diese Weise entstehen oft antikreative Felder: Die Mitarbeiter bleiben passiv, verlassen sich auf Berater und schöpfen ihr eigenes Potenzial nicht aus. Wie Christakis und

Fowler (2010) festgestellt haben, stabilisieren sich soziale Netzwerke, die auf diese Weise entstehen, gegenseitig und prägen die Normen, Werte und Haltungen eines Feldes. Aus diesen und anderen Gründen werden Konzepte einer »Lernenden Organisation« (Senge 2011) diskutiert, in denen es darum geht, das Wissen der Beteiligten selbst zu organisieren, sodass diese in einem kontinuierlichen Selbstverbesserungsprozess (Imai 1992) lernen, ihr Wissen auszutauschen und eigene Verbesserungsvorschläge zu entwickeln.

Um das unterschätzte Wissen der Beteiligten freizusetzen und einen Impuls zum Aufbau eines in der Organisation verankerten Kreativen Feldes zu geben, habe ich das Verfahren der »Wertschätzenden Schul- und Organisationsentwicklung« (Burow 2011, S.158 ff. und 2014, 227 f.) konzipiert und in einer Vielzahl von Non-Profit- und Profit-Organisationen durchgeführt. Hier geht es stets darum, die Schlüsselpersonen eines Systems zu Trägern des jeweiligen Entwicklungsprozesses zu machen. In Schulen sind das nicht nur Lehrer, sondern auch Eltern, Schüler, sonstiges Personal, Schulträger, Verwaltung, Wirtschaft und Politik. Im Unternehmensbereich handelt es sich nicht nur um die Führung und die Mitarbeiter, sondern auch um Kunden und sonstige mit der jeweiligen Aufgabe oder dem Produkt befasste Personen, die mit einbezogen werden müssen.

Die Grundregel Kreativer Felder lautet: Auf die umfassende Beteiligung der Schlüsselpersonen kommt es an! Eine zentrale Erkenntnis lautet, dass häufig große Teile des für den Wandel und die Freisetzung von Kreativität notwendigen Wissens im Feld, also bei den beteiligten Personen vorhanden ist. Es gilt die »Weisheit der Vielen« zu nutzen.

Bislang noch wird ihr Wissen zu selten abgefragt und fehlen Räume zum offenen Austausch. Die von uns entwickelte Wertschätzende Befragung (a.a.O.) ist geeignet, Organisationen – zumindest zeitweise – in Kreative Felder zu verwandeln und die Erfahrung von Team-Flow zu vermitteln.

An die Stelle von Expertenabhängigkeit tritt so ein institutionell verankertes System zur Entwicklung von Selbst- und Feldkompetenz. Wir lernen, unsere ungenutzten persönlichen Ressourcen gemeinsam zu erschließen und sie so miteinander zu vernetzen, dass der Vorgang der Neuschöpfung zu einem kontinuierlichen Prozess aller Beteiligten wird. So entsteht durch den allmählichen Aufbau einer Lernenden Organisation ein Kreatives Feld. Lernende Organisationen lassen sich nur dann aufbauen, wenn die Mitglieder der Felder angemessen beteiligt werden. Auch bei bewährten Verfahren zur Etablierung Kreativer Felder wie Zukunftswerkstatt, Zukunftskonferenz, Open Space, World Café und einer Reihe anderer Großgruppenverfahren bildet Partizipation eines der zentralen Schlüsselkonzepte. Ja, man könnte sagen, dass die Comedian Harmonists Pioniere der Lernenden Organisation waren, indem es ihnen gelang, aus eigener Kraft alle diejenigen Fähigkeiten zu entwickeln, die sie benötigten, um eine Bühnenshow zu kreieren, sie erfolgreich zu präsentieren und zu verkaufen sowie eine Firma zu führen. Und dies alles gelang unter dem Vorzeichen völliger Gleichberechtigung.

Partizipation bedeutet, dass wir unsere Probleme nicht an Experten delegieren können, sondern dass wir alle gefordert sind, gemeinsam unsere Probleme zu lösen. Jeder von uns ist Experte für einen Teil des Elefanten, den wir nur gemeinsam erkennen können.

Nachhaltigkeit Der Begriff des »Sustainable Development«, der »nachhaltigen Entwicklung« (SchUB 1996) ist aus dem Ökologiebereich entnommen und erfährt seit einiger Zeit eine beachtliche Konjunktur. Ursprünglich stammt der Begriff aus der Forstwirtschaft und meint, dass nicht mehr Bäume gefällt werden dürfen, wie wieder angepflanzt werden. So erfordert nachhaltiges Wirtschaften die Entwicklung einer Form der Wirtschaft, die nicht fortwährend eine Zunahme von Entropie durch die Vernichtung organischen Materials produziert, sondern im Sinne einer Kreislaufwirtschaft Stoffe so wiederverwertet, dass unsere natürlichen Lebensgrundlagen nicht nur erhalten, sondern – soweit möglich – verbessert werden. Der Begriff »Nachhaltigkeit« mag auf den ersten Blick für unseren Zusammenhang als unpassend erscheinen. Was hat »Nachhaltigkeit« mit dem kreativen Prozess zu tun?

Wenn wir als ein wesentliches Charakteristikum der gegenwärtigen Entwicklung unseres Planeten die allmähliche Verdrängung der biologischen Evolution durch eine menschengemachte metabiologische Evolution erkennen, dann wird klar, dass wir irgendeine Form der Kontrolle oder Bewertung brauchen.

Bezogen auf das Schaffen Kreativer Felder kann uns das Konzept der Nachhaltigkeit deutlich machen, dass Kreativität kein Wert an sich ist, sondern immer auch auf ihre Folgen bezogen werden muss. Insofern ist bei der Konstruktion Kreativer Felder eine vorausschauende »Risikofolgenabschätzung« unseres Schöpfertums unabdingbar.

Kreativität erfordert fast immer die Zerstörung des Bestehenden. Dazu sind wir aber nur berechtigt, wenn die Neuschöpfungen einen verantwortbaren Gewinn für alle Beteiligten nach sich ziehen.

Nachhaltigkeit in sozialer Perspektive bedeutet denn auch, dass innerhalb des Kreativen Feldes eine Gewinner-Gewinner-Koalition aufgebaut wird. Anders als die Mitarbeiterinnen des Kreativen Feldes um Bertolt Brecht waren die Comedian Harmonists völlig gleichberechtigt und erhielten den gleichen Anteil an den Tantiemen. Als Robert Biberti nach der Trennung von den jüdischen Mitgliedern des Ensembles eine Nachfolgegruppe gründete, verstieß er in mehrfacher Hinsicht gegen diesen Grundsatz. Die neuen Mitglieder wurden als Angestellte geführt. Es entstand ein schlecht balanciertes Feld. Es war kein Kreatives Feld und erreichte nie die Leistungen der Ursprungsgruppe. Wenn Kreativität aus Energiebalance der gleichberechtigten Egos im Team entsteht, wird klar, warum das Jazzbandmodell ein überlegenes Führungsmodell zu sein verspricht.

Die Schaffung Kreativer Felder als experimenteller Vorgang

Nachdem ich Ihnen nun die Schlüsselkonzepte vorgestellt habe, erhalten Sie einige Hinweise, wie man Kreative Felder schaffen kann. Ein Kreatives Feld zu schaffen ist ein experimenteller Vorgang, in dem sich die optimale Zusammenstellung des Feldes aus den sich spontan entwickelnden Anziehungs- und Abstoßungskräften allmählich herausbildet. Da es sich durchaus um komplizierte Prozesse der sozialen Selbstorganisation handelt und da es für die meisten von uns ungewohnt ist, sich gemeinsam schöpferisch zu betätigen, kann es sinnvoll sein, den Feldbildungsprozess durch entsprechend qualifizierte Prozessbegleiter beziehungsweise Moderatoren und entsprechende Verfahren zu unterstützen.

Der Vorgang, ein Kreatives Feld zu entwickeln, fokussiert zunächst darauf, die eigene Person im jeweiligen Umfeld zu erforschen: Indem wir uns einem offenen Raum aussetzen und Anziehungs- und Abstoßungskräfte wahrnehmen, entdecken wir, was uns wirklich interessiert und mit wem wir unsere Ideen umsetzen wollen. Indem ich mich auf den Prozess der Feldbildung einlasse, erfahre ich nicht nur mehr über meine spezifischen Fähigkeiten und Grenzen, sondern auch etwas über die Struktur der für meine Entwicklung günstigen Felder. Wie kann man sich nun ein Kreatives Feld konkret vorstellen? In der nachfolgenden Skizze visualisiere ich einige allgemeine Strukturmomente: Vier Personen P_1, P_2, P_3, P_4 bilden gemeinsam ein Kreatives Feld, indem sie die positiven Valenzen ihres Lebensraums mit denen der anderen in Berührung bringen. Sie finden sich an einem Ort zusammen, der eine Schnittstelle ihrer Lebensräume bildet. Durch die Begegnung mit unterschiedlichen Lebensräumen eröffnet sich die Chance, unzugängliche Bereiche (schraffiert dargestellt) zu erreichen und sich gegenseitig zu ergänzen.

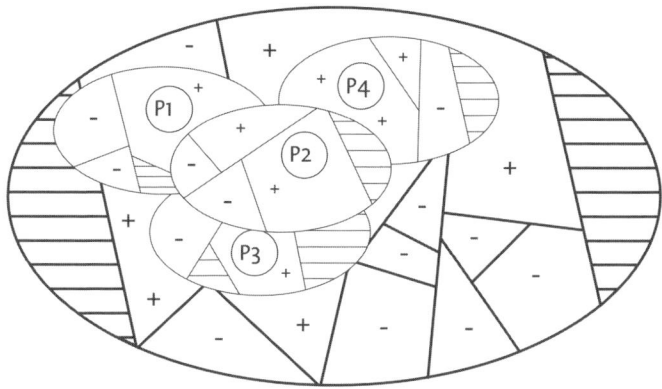

Kreatives Feld in Analogie zu Lewin

Wie ist dieses Schaubild zu lesen? In Analogie zu Lewins Darstellung des individuellen Lebensraums als Jordankurve habe ich hier versucht, die Lebensräume der vier Personen (P1, P2, P3, P4) zueinander in Beziehung zu setzen. Die positiven Valenzen (+) beschreiben die Zielräume, die die Personen anstreben; die negativen Valenzen (-) die Bereiche, die sie meiden und die schraffierten Flächen beschreiben unerreichbare Räume. Die große Jordankurve beschreibt das soziokulturelle »Hintergrundfeld«, das die individuellen Lebensraumentwürfe beeinflusst, ohne dass dies den Beteiligten oft bewusst wäre.

Pierre Bourdieu (1982) hat in seiner faszinierenden Untersuchung »Die feinen Unterschiede« den Aufbau und die Wirkungen dieses Hintergrundfeldes auf unsere persönliche Lebensführung beschrieben. Auch wenn ich mich hier auf die Darstellung der zusammenarbeitenden Personen im Vordergrund beschränke, wird klar, dass der soziokulturelle Hintergrund entscheidenden Einfluss auf Möglichkeiten zur Kooperation ausübt. So macht es – je nach gewählter Herausforderung – zum Beispiel einen Unterschied, ob ich in einer Hightechumgebung wie dem Silicon Valley aufwachse, in einem kulturellen Anregungsfeld wie Berlin oder einem kleinen Dorf fernab der Innovationszentren. Allerdings verringern sich im digitalen Zeitalter diese Differenzen, weil ich mich immer häufiger per Internet nicht nur informieren kann, sondern auch völlig neue Möglichkeiten zu kreativer Kollaboration im virtuellen Raum habe. Hier gilt es, die digitale Dividende (Burow 2014) zur Bildung virtueller Kreativer Felder zu nutzen.

Das Kreative Feld ist nun ein Raum, der in besonderer Weise durch die unterschiedlichen Egos energetisch aufgeladen ist. Im Verlauf der Interaktion tritt eine Idee oder Vision in den Vordergrund und wird zum Anziehungspunkt im Feld. Dieser Anziehungspunkt, der eine Art »Kristallisationskern im Feld« ist, lockt die unterschiedlichen Fähigkeiten der Mitglieder hervor. Die Mitglieder lagern sich mit ihren spezifischen Fähigkeiten an diesen Kern an und schaffen durch Verdichtung allmählich eine neue Gestalt.

Solche Kerne, die zu neuartigen Schöpfungen führten, waren beispielsweise Frommermanns Idee einer neuartigen Musikgruppe, Jobs und Wozniaks Vision des persönlichen Computers oder Brin und Pages Idee einer Suchmaschine, die das Wissen der Vielen zugänglich macht. Jeder von uns kann zu einem solchen Anziehungspunkt im Feld werden, wenn er eine faszinierende Idee entwickelt, zu deren Verwirklichung er Partner sucht.

Geeignete Visionen und ihre Protagonisten entwickeln eine derartige Anziehungskraft, dass sie zur stärksten positiven Valenz im Feld werden können. Die vielfältigen persönlichen Anziehungspunkte, denen die Mitglieder des Feldes ausgesetzt sind, treten in den Hintergrund, und die Vision wird zum alles überdeckenden Vordergrund. Eine Ursache für diese erstaunliche Umorganisation der Kräfte des Feldes, für diesen »Gestaltwandel«, besteht in der faszinierenden Erfahrung, dass man in der gemeinsamen Arbeit über sich selbst hinauswachsen kann. Kreative Felder können jeden von uns zum Mitschöpfer machen: In der gegenseitigen Anregung wird unser ungenutztes kreatives Potenzial hervorgelockt – eine Erfahrung, die wir als lustvoll erleben. Besonders motivierend ist auch, dass man mit seinen vorhandenen Fähigkeiten einen wichtigen Beitrag zur Verwirklichung der gemeinsam geteilten Vision leisten kann. Indem man ausgehend von einer gemeinsamen Basis Unterschiede nutzt, gelingt es, Neues in der Sache, bei sich und bei anderen bezogen auf die Realisierung des gemeinsamen Ziels zu entdecken. Der gemeinsame Grund wird durch die Fläche beschrieben, in der sich die mit positiven Valenzen versehenen Lebensräume überlappen (s. Lebensraumdarstellung, S. 83).

Wie ich im Buch »Ich bin gut – wir sind besser« (Burow 2000) zur Praxis Kreativer Felder anhand einer Analyse des Kreativen Feldes der Beatles beschreibe, bildet den Kern des Kreativen Feldes eine Vision, die von allen Beteiligten geteilt wird. Diese Vision muss nicht explizit formuliert sein. Es kann sich auch um ein diffuses Bedürfnis, eine Ahnung, eine Bewegungsrichtung oder Ähnliches handeln. So verbanden die Beatles, ihren Manager Brian Epstein und ihren Produzenten George Martin die leidenschaftliche Suche nach etwas Neuem und der Wunsch, etwas Bedeutendes zu schaffen. Dieser Wunsch war für alle zunächst im schraffierten, unerreichbaren Bereich ihrer persönlichen Lebensraumkonstruktionen. Keiner von ihnen verfügte allein über die nötigen Fähigkeiten, das Ziel zu erreichen. Erst durch die Begegnung und die Koordination ihrer Lebensraumkonstruktionen unter dem Ordner einer gemeinsamen Vision wurde für alle der schraffierte Bereich allmählich zu einer erreichbaren Pluszone. In der gemeinsamen Suchbewegung gelang es ihnen, das im Feld vorhandene Potenzial hervorzulocken und so neu zu kombinieren, dass ein gemeinsam geteilter, anziehender Lebensraumentwurf, ein sich selbst verstärkendes Resonanzfeld entstand.

Meine bildliche Darstellung ist allerdings noch zu schematisch. Sie kann nur eine Ahnung davon vermitteln, inwieweit sich durch die dialogische Begegnung die Lebensräume der Einzelnen erweitern und sie darüber hinaus neue Gebiete erschließen, die für sie vorher unerreichbar gewesen sind. Umgekehrt kann das Kreative Feld dieser vier Personen auf den Einzelnen auch die Wirkung haben, dass Valenzen, die ihn in seinem eigenen Lebensraum anzogen, in der Gruppe an Attraktivität verlieren, weil eine Person im Feld diesen Bereich bereits besetzt hat.

Konkret: Wenn ich erkenne, dass jemand Fähigkeiten besitzt, die es ihm ermöglichen, Aufgaben besser als ich zu lösen, kann es sein, dass ich meine Interessen verlagere und entdecke, dass mir andere Tätigkeiten mehr liegen. Das heißt: Der interaktive kreative Prozess verändert zugleich auch meine eigenen Valenzen. Das Feld strukturiert mich ebenso wie ich das Feld mitstrukturiere.

Das Kreative Feld als Tanzfläche

Ein Beispiel soll die Wirkung des Kreativen Feldes verdeutlichen:

 Wie Resonanzen entstehen

Wenn Sie in einer Diskothek auf einer halb gefüllten Tanzfläche für sich allein tanzen, werden Sie bei entsprechender »Feldsensibilität« Anziehungs- und Abstoßungskräfte bemerken. Bestimmte Personen tanzen in einem ähnlichen Rhythmus wie Sie und ziehen Sie an; oder Ihnen gefällt eine Bewegung, die Sie nachahmen, und plötzlich bemerken Sie, dass Sie nicht mehr allein tanzen, sondern Teil eines rhythmischen Feldes aus zwei oder mehreren Personen sind. Vielleicht entdecken Sie sogar Muster in den Tanzbewegungen.
Im Feld der Tanzfläche wirken verschiedene »Feldordner«, die das scheinbare Chaos strukturieren: Es bilden sich Paare oder Gruppen, die näher beieinanderstehen oder aufeinander abgestimmte Bewegungen machen; Sie

nehmen Sympathien und Antipathien wahr, entdecken Ähnlichkeiten und Unterschiede. Ob Sie es wollen oder nicht, Sie werden Teil von Bewegungs-, Begegnungs- und Resonanzfeldern, oder Sie erleben, wie Sie abgestoßen werden.

Kompliziert wird die Sache noch dadurch, dass nicht nur die spezifische Musik und die jeweilige Beziehungsdynamik die Muster im Feld strukturieren, sondern dass Sie ganz im Sinne Lewins Ihre Rolle im Tanzfeld selbst strukturieren – je nachdem, wie Sie aktuell gestimmt sind und welche Wahrnehmungsmuster aus Ihrer Biografie dominant sind. Es kann also sein, dass Ihre Tanzpartner ganz andere Strukturierungen vornehmen, die Sie nicht bemerken oder missdeuten: Auch die Art und Weise wie Sie sich kleiden, wie Sie sich bewegen, wie Sie sich selbst stilisieren, also Ihr Habitus, hat Wirkungen auf die Mittanzenden.

Im Verlauf dieses komplexen Geschehens geschieht es immer wieder, dass sich ganz spontan »Passungen«, Synergien zwischen zwei oder mehreren Personen ergeben und dass sich das auf den ersten Blick chaotische Feld für einige Momente gliedert, bis es wieder neue Strukturen annimmt. Im Verlauf des Abends entstehen unzählige solcher Muster. Daneben bilden sich auch einige stabile Strukturen heraus, die einen so starken Aufforderungscharakter entwickeln können, dass sich einzelne Personen näher kennenlernen möchten und die flüchtige Anziehung zu einer intensiven Begegnung wird. Was sagt uns diese zugegebenermaßen komplizierte und dennoch viel zu stark vereinfachende Beschreibung eines »Tanzfeldes«?

Die Einrichtung eines Kreativen Feldes erfordert es – analog zur Tanzsituation –, zunächst einen offenen Bewegungsraum (»Open Space«) entstehen zu lassen, in dem die bestehenden Strukturen durcheinandergewirbelt und alte Bindungen aufgelöst werden, sodass wir frei werden für spontan entstehende Bindungen. In unseren Organisationsentwicklungswerkstätten schaffen wir diesen

Begegnungsraum durch den »Marktplatz«: Die Teilnehmenden skizzieren ihr jeweiliges Anliegen auf einem Blatt und tauschen sich in freier Begegnung aus, bis sie passende Teampartner finden. Die Konstruktion eines solchen zunächst unstrukturierten, chaotischen Raums kann verunsichernde, aber auch befreiende Wirkungen haben, denn oft sind wir in unserem Beziehungsverhalten und unserer Feldwahrnehmung so festgelegt, dass wir neue Möglichkeiten erst gar nicht erkennen oder sie aufgrund der damit verbundenen Unsicherheit meiden. Erst das entstehende Chaos beziehungsweise der offene Raum ermöglicht aber eine Neuorganisation. Wenn man mithilfe von Moderationsverfahren wie der Zukunftskonferenz, der Zukunftswerkstatt, dem Open Space oder der Wertschätzenden Befragung ein Kreatives Feld schaffen will, dann ist es wichtig, für förderliche atmosphärische Rahmenbedingungen zu sorgen, die die Neustrukturierung erleichtern, indem sie den Angstpegel auf einem vernünftigen Niveau lassen und Orientierungshilfen geben. Denn die Veränderung von Feldern ist ein Vorgang, der Ängste und Widerstände auslöst und daher einen gesicherten Rahmen braucht.

Ähnliches gilt aber auch für die Rahmenbedingungen, die wir in vielen unserer Organisationen schaffen. Sie sind selbst an relativ freien Organisationen wie etwa Universitäten wenig dazu geeignet, kollektive Kreativität zu fördern. Allzu oft trägt die tradierte Feldstruktur dazu bei, dass entgegen den offiziellen Verlautbarungen fachübergreifendes Begegnen und Denken, Spinnen neuer Ideen, spontane Gruppenbildungen und kreatives Teamwork eher behindert als gefördert werden. Vielfach sind die Strukturen etwa durch abgeschottete Fachkulturen oder Hierarchien so versteinert, dass an die Stelle eines offenen Experimentierens die Befolgung von Traditionen und Ritualen tritt. Häufig werden eher die alten Denk- und Fachstrukturen in gegenseitiger Abschottung gepflegt als neue Kombinationen fächerübergreifender Zusammenarbeit. Die Kräftefelder der Institution sind so fixiert, dass kein Raum mehr für spontane Bindungen bleibt.

Wenn sich viele unserer Institutionen durch derartige Fixierungen auszeichnen, so ist es kein Wunder, dass Kreativität eher außerhalb reglementierter Felder stattfindet. Neuschöpfungen finden vor allem in Randzonen statt. Das Schaffen Kreativer Felder ist ein experimenteller Vorgang der Selbst- und Feldentdeckung mit unsicherem Ergebnis. Es widerspricht einer festgelegten, reglementierten Struktur und einem vorhersagbaren Resultat.

»Anziehende« Freiräume für Selbstorganisation schaffen

Meine Ausführungen sollen zeigen, wie man bewusst und planmäßig günstige Bedingungen für das Entstehen Kreativer Felder schaffen kann. Die Frage lautet nun, ob es nicht ein unmögliches Unterfangen ist, den Prozess der spontanen Selbstorganisation durch Schaffen entsprechender Rahmenbedingungen zu steuern. Auch hier vermittelt uns Heinz v. Foerster einen Eindruck von der Kompliziertheit des Problems. Er setzt sich mit der Frage auseinander, was Lernen eigentlich ist und warum unsere Bildungsinstitutionen trotz aller geplanten Bemühungen allzu oft Lernen eher verhindern als fördern. Seine Erörterung war für mich sehr erhellend. Denn gerade in meiner Zeit als Hochschullehrer habe ich immer wieder erfahren müssen, wie leichtfertig offene Fragen unter schlagwortartigen Begriffen zugeschüttet wurden; etwa, wenn ein Kollege einem Examenskandidaten die Frage stellte: »Was verstehen Sie unter Lernen?«, und sich dann mit der simplen Erklärungsformel »Lernen ist Veränderung durch Erfahrung« zufrieden gab. Warum befriedigt viele diese Definition? Was erklärt sie? Die Antwort gibt uns v. Foerster: »Und in der Tat, was ist Lernen wirklich? Wenn diese Frage im akademischen Kontext, das heißt im Fachbereich der Psychologen oder Pädagogen gestellt wird, erhalten wir viele Antworten. Wenn jedoch diese Frage im operativen Kontext gestellt wird, erhalten wir überhaupt keine Antwort: Wir haben nicht die geringsten Vorstellungen darüber, was in uns vorgeht, wenn wir sagen, wir hätten etwas gelernt. Ich will damit sagen, dass wir ungefähr seit unserem zweiten Lebensjahr laufen, sprechen und gesellig sind, obwohl wir weder Kurse in unserer Muttersprache noch in der Kunst der Fortbewegung belegt haben. Für diese Fähigkeiten hat es niemals einen Lehrplan gegeben, und wir wissen nicht, wie wir sie erworben haben.

Die denotative Schule des Spracherwerbs wird behaupten, dass wir darüber sehr gut informiert sind, wie wir sprechen lernen, und zwar indem wir diejenigen imitieren, die mit dem Finger auf etwas deuten und dazu das entsprechende Geräusch machen. Aber ich habe von der Anthropologin Margaret Mead gelernt, der es nicht schwerfiel, sich die Umgangssprache vieler verschiedener Stämme, mit denen sie gearbeitet hat, anzueignen, dass dies keineswegs den Tatsachen entspricht. Sie benutzte einmal diese Methode, indem sie mit dem Finger auf verschiedene Sachen zeigte, um deren Namen zu erfahren. Zu ihrem Entsetzen erhielt sie immer die gleiche Antwort: ›chu mulu‹. Anfangs glaubte sie, dass diese Leute eine sehr primitive Sprache besäßen, bis sie herausfand, dass ›chu mulu‹ ›mit dem Finger zeigen‹ bedeutet« (1993, S. 128 f.).

Reinhard Kahl stellte in seinem Film »Treibhäuser der Zukunft« sogar die Vermutung an, dass wir niemals Laufen gelernt hätten, wenn wir es im normalen Lehrgangsverfahren der Schule hätten lernen müssen: nämlich im Sitzen und mithilfe theoretischer Belehrung.

In einer unserer Ausbildungsgruppen wollte ein langjährig tätiger Lehrer deutlich machen, woran das didaktisch aufbereitete Lehrgangslernen der Schule krankt. Er führte uns einen »Grundkurs im Lachen« vor. Der Lehrer analysierte zunächst mit strengem Ton das Lachen und zerlegte den Vorgang nach fachsystematischer Logik in seine einzelnen Bestandteile, die wir dann Schritt für Schritt einüben mussten. Spätestens als wir zu Atemübungen als notwendige Vorstufe des »richtigen« Lachens angeleitet wurden, platzten wir vor Lachen los. Die Situation war einfach urkomisch. Doch obwohl wir jetzt lachen konnten, wurden wir ermahnt, dass dies zu früh sei. Wir könnten noch gar nicht lachen, weil wir die Elemente des Lachens noch nicht verstanden hätten. Also sollten wir uns so lange zurückhalten, bis wir die einzelnen Stufen des Lachens erarbeitet und fachlich einwandfrei eingeübt hätten. Als wir diese nun in einem langwierigen und gekünstelt wirkenden Verfahren erarbeitet hatten, meinten wir nun, ganz genau zu wissen, wie Lachen funktioniert, aber merkwürdigerweise war uns das Lachen vergangen. Keiner von uns war in der Lage, bei der »Abschlussprüfung« des »Lachlehrers« zu lachen.

Wir sind hier auf das Grundproblem der Zerlegung natürlicher Lernvorgänge in didaktisch zergliederte Häppchen gestoßen, ein Grundproblem, das auch das Scheitern aus dem Kontext gelöster Kreativitätstrainings erklären kann.

Insofern muss man sich klar machen: Wer daran geht, Kreative Felder zu konstruieren, muss sich darauf beschränken, günstige Rahmenbedingungen zu setzen. Der Kreative Prozess selbst kann nicht geplant und nur begrenzt gelehrt werden. Er erfolgt nur in spontaner Selbstorganisation. Unsere Aufgabe ist es also, Räume zu schaffen, die eine Vielzahl von »Zugkräften« zur Förderung gemeinsamer Kreativität freisetzen und die Selbstorganisation erleichtern. Wir sind aber keinesfalls Tanzlehrer, die genaue Schrittfolgen vorgeben.

Synergieanalyse: Wo finde ich Partner, die zu mir passen?

»Bindung durch unterschiedliche Fähigkeiten ... ist stabiler und vielleicht befriedigender als Bindung durch gleichartige Talente.«
Charles Perrow

Zu Beginn des Versuchs, ein Kreatives Feld zu konstruieren oder zu finden, sollte eine Analyse der Ziele und Wünsche stehen, die ich mit meiner Inszenierung eines entsprechenden Feldes erreichen möchte. Diese Ziele geben die Richtung meiner Suche nach möglichen Synergiepartnern vor, die sich an Gardners Kreativitätsmodell orientiert. Nachfolgende Abbildung soll helfen, mögliche Suchrichtungen zu verdeutlichen.

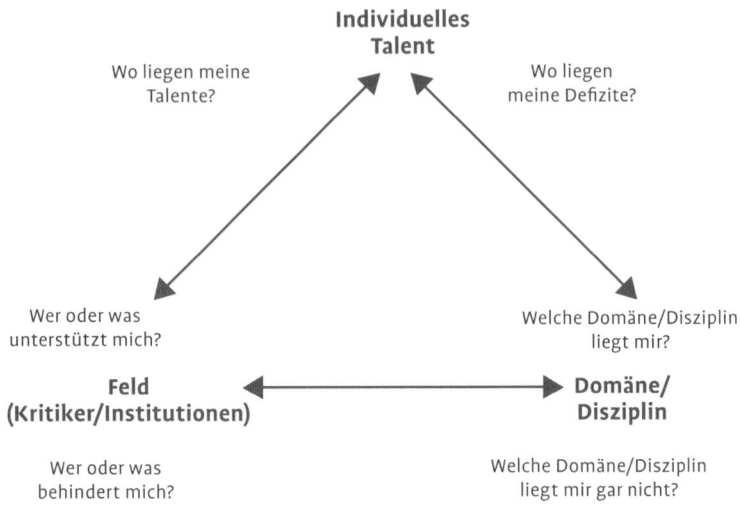

Wo sind meine Synergiepartner? © ISI 1997

In jedem dieser Bereiche lässt sich die Einrichtung verschiedener Typen von Kreativen Feldern denken. Wichtig ist der grundlegende Perspektivenwechsel: Unter dem Druck konkurrenzorientierter Vereinzelung sind wir es gewohnt, unsere Schwächen möglichst zu verstecken und unsere Stärken herauszustreichen. Damit verhindern wir Lernen und echte Begegnung. Das Konzept des Kreativen Feldes zeigt uns aber, dass gerade in unseren Schwächen unsere Chancen liegen. Meine Schwäche ist nämlich zugleich der Beziehungs- und Bindungspunkt, dem sich mein Synergiepartner nähern kann.

Wie ein Wissenschaftsthriller durch Synergie entsteht

Um ein Beispiel zu geben: Eine meiner Stärken besteht darin, dass ich sehr schnell unterschiedliche Zusammenhänge verschriftlichen kann. Die stilistische Überarbeitung, die detailorientierte Vertiefung liegt mir weniger. Ich habe aber einen Freund, der große Probleme mit dem Schreiben hat, weil er über jedes Detail sehr gründlich nachdenkt und unermüdlich an Formulierungen feilt. Wenn wir zusammenarbeiten, dann gelingen uns in der Regel sehr brauchbare Texte. Ich schreibe meine Ideen schnell herunter, während er an den Details feilt. Durch mich werden seine Schreibblockaden überwunden, durch ihn werden meine Texte gehaltvoller, und zwar in einer Weise, dass ich von »unseren« Texten sprechen muss. Denn das, was ich vorgelegt habe, erkenne ich oft nach der Bearbeitung kaum noch wieder.

Manchmal verwirft er seitenweise meine Texte. Am Ende wissen wir nicht mehr, was von ihm und was von mir stammt. Nebenbei bemerkt: Das Ergebnis unserer Kollaboration, unseres literarischen Kreativen Feldes, können Sie anhand unseres Wissenschaftsthrillers »Gottes Gehirn« (Johler/Burow 2001/2010) überprüfen.

Wenn ich mir über meine Schwächen im Klaren bin und zu ihnen stehe, dann eröffnen sich für mich ungeahnte Möglichkeiten zur Bildung von Kreativen Feldern. Wenn ich mich nur auf die Suche nach geeigneten Synergiepartnern mache. Die Erkenntnis meiner Schwäche ist geradezu die Voraussetzung für die Bildung befriedigender Partnerschaften. Aber unter dem Druck der Individualisierung und der Künstlerlegende werden Schwächen nur selten als Chancen und wichtige Bindungsressourcen gesehen. Stattdessen durchzieht sowohl unsere Bildungsinstitutionen als auch unsere Arbeitswelt nach wie vor das illusionäre Bild des Alleskönners. Erstens kann niemand alles können, und zweitens muss ich in einem Team nicht alles können.

Teamkreativität bietet so eine Chance zur persönlichen Entlastung, zur besseren Ausnutzung der individuellen Fähigkeiten sowie zur Verbesserung der Ergebnisse. Im »selbst«-bewussten Umgang mit meinen Schwächen liegt die Chance zum Durchbruch zu neuen Ufern kollektiver Kreativität und zur Erfahrung von Team-Flow.

Transfer

- Betrachten Sie Abbildung auf Seite 194 und nehmen Sie eine »Synergieanalyse« Ihrer persönlichen Ausgangssituation vor, um Bereiche zu entdecken, in denen es sinnvoll sein kann, nach Synergiepartnern Ausschau zu halten.
- Betrachten Sie Ihre Talente: Was kann ich gut? Wo habe ich Begabungen? Durch welche geeigneten Synergiepartner kann ich diese Talente ausschöpfen? Welche Synergiepartner brauche ich, um meine Defizite auszugleichen?
- Betrachten Sie die Domäne beziehungsweise Disziplin, in der Sie arbeiten beziehungsweise zu arbeiten wünschen: Welche Domäne/Disziplin liegt mir? Welche Synergiepartner beziehungsweise sozialen Zusammenhänge, Netzwerke et cetera brauche ich, um die mir fehlenden Bereiche auszugleichen?
- Betrachten Sie das institutionelle (gesellschaftliche) Feld, von dem Sie Anerkennung erwarten: Was muss ich tun, um in diesem Feld Anerkennung zu bekommen? Kann ich überhaupt in diesem Feld Anerkennung bekommen, oder inwieweit muss ich mich an das Feld anpassen beziehungsweise auf das Feld einwirken? Gibt es andere Felder, die für mein Anliegen günstiger sind?

Der notwendige Abschied vom Genie

»Von meiner Sicht aus, heute, finde ich erstaunlich, dass so etwas wie die Comedian Harmonists überhaupt zustande gekommen ist. Wenn man bedenkt, was alles dazugehört, ein Tenor mit einer so enormen Höhe, der aber nicht Falsett singt, wie Ari Leschnikoff; dann ein zweiter Tenor, Erich Collin, der ausgerechnet so wenig Eigentimbre hat, dass sich seine Stimme gut mischen lässt; dann ein Musikantentum, wie das von Frommermann, der neben seinen vielen schönen Arrangements plötzlich die Fähigkeit entwickelt, Instrumente zu imitieren, obwohl er eigentlich keine besonderen stimmlichen Mittel besitzt, und der damit dafür sorgt, dass alle Klänge harmonisieren; dann Cycowski, diese herrliche, vornehme Stimme, mit ihrer enormen Höhe – der konnte so hoch wie ein Tenor singen und schließlich Biberti, ein samtener leichter, aber wohlklingender Bass. Und zu alledem auch die persönlichen Gleichungen dieser sechs Leute untereinander, die so ausbalanciert waren, dass niemals die Gefahr bestand, dass unsere Gruppe zerplatzen würde…«

Erwin Bootz

Resümee

Nicht von ungefähr endete mein Prolog mit dem Zitat auf der vorhergehenden Seite. In den resümierenden Betrachtungen des Pianisten der Comedian Harmonists, Erwin Bootz, drückt sich auch noch 40 Jahre nach Auflösung dieser Gruppe etwas von der ungeheuren Faszination aus, die sie nicht nur auf Millionen Menschen, sondern die Mitglieder selbst ausübte. Bootz selbst steht vor einem für ihn unerklärlichen Phänomen. Und ist diese erstaunlich genaue Passung ihrer unterschiedlichen Fähigkeiten durch die sich Kreativteams auszeichnen nicht erstaunlich? Ist es nicht bewundernswert, wie es ihnen gelingt, alle ihre »Energien« auf die Verwirklichung ihrer Vision zu konzentrieren und dabei über sich hinauszuwachsen? Diese Konzentration ihrer Fähigkeiten und Antriebe spiegelt sich im kreativen Produkt wider und lässt sie selbst zu Anziehungspunkten für uns werden.

Der Gründer der Comedian Harmonists, Harry Frommermann, leitete die Verwirklichung seines Traums mit einer unscheinbaren Anzeige ein: »Suche Team biete Vision« und folgte damit intuitiv der Einsicht »Kreativität gibt es nur im Plural«. Dieser unspektakuläre Schritt war der Beginn einer faszinierenden Geschichte. Auch Sie können einen solchen ersten Schritt einleiten. Dabei zeigt sich, dass die entscheidenden Schritte oft die kleinen Schritte sind. Wenn wir uns von übertriebenen Leistungsansprüchen an unser Ego freimachen und die Vorstellung aufgeben, uns an Einzelgenies messen zu müssen, dann können wir Erstaunliches erreichen. Viele Egos in einem Team können etwas völlig Neues ergeben, denn Mehr ist anders! Wir alle sind Mitglieder von Feldern, Felder bieten Verwirklichungsgelegenheiten und jeder von uns hat die Möglichkeit, im Zusammenschluss mit anderen ein Kreatives Feld entstehen zu lassen.

Wie wir gesehen haben, führe ich Gedanken Gardners weiter und plädiere für einen Abschied vom überholten Geniekult: Nachdem wir nun einige theoretische Grundlagen geklärt haben, die zeigen, dass schöpferische Prozesse eine Funktion des Feldes sind, meine ich, die These belegt zu haben, dass Kreativität nicht immer an ein besonders begabtes und zu früher Meisterschaft geführtes Individuum gebunden sein muss, das zudem oft mit umfangreichem ökonomischen, kulturellen und sozialen Kapital ausgestattet ist, sondern dass schöpferische Leistungen auch durch die Kombination von vergleichsweise »durchschnittlich« begabten Personen mit einer relativ bescheidenen »Kapitalausstattung« entstehen können. Den Mangel an früher Meisterschaft, überragendem Talent und Kapital können Sie nämlich durch den Zusammenschluss Ihrer begrenzten Einzelfähigkeiten mit geeigneten »Synergiepartnern« ausgleichen. Durch den Zusammenschluss und die Neukombination auch »durchschnittlicher« Fähigkeiten kann dennoch etwas Herausragendes entstehen.

Leider haben sich die meisten Kreativitätsforscher bisher überwiegend mit herausragenden Persönlichkeiten beschäftigt und zudem die genialischen Leistungen dieser Schöpfer fast ausschließlich der einzelnen Person zugerechnet. Die faszinierte Bewunderung, die wir diesen Lichtgestalten und ihren Leistungen entgegenbringen, hat eine Kehrseite: Mit unserer ehrfürchtigen Bewunderung heben wir diese Personen oft in den Olymp der unerreichbaren Genies und empfinden uns demgegenüber als klein, begrenzt und chancenlos. Diese Überhöhung der Heroen liegt in der Regel an erfolgreichen Selbststilisierungen, aber auch in unserem Bedürfnis nach bewundernswerten Idolen.

Diese Überhöhung schadet allerdings auch den Genies: Nachdem sie von der Mitwelt zunächst auf einen unerreichbaren Sockel gehoben wurden, treten gesetzmäßig die Denkmalstürzer auf den Plan, die allzu oft schockierende Details entdecken, die sie in einem ziemlich getrübten Licht erscheinen lassen und dramatische Denkmalsstürze zur Folge haben. Nicht nur Marx und Lenin-Büsten wurden von ihren Sockeln gestürzt. Jeder kennt auch andere Beispiele. War der Analytiker Bruno Bettelheim zeitlebens ein mit einem Glorienschein versehenes Vorbild für Pädagogen, so kamen kurz nach seinem Tode Berichte auf, die ihn in einem sehr zwiespältigen Licht erscheinen ließen: der Freund benachteiligter Kinder ein jähzorniger Prügler und problematischer Vorgesetzter? Oder betrachten wir den als genial bewunderten Philosophen Martin Heidegger: Erwies er sich bei näherer Betrachtung nicht als Mitläufer und Ehrgeizling? In jüngster Zeit haben wir erlebt wie Finanzgurus, Manager- und Politikstars, aber auch Fußballkoryphäen dramatisch entzaubert wurden.

Wie erklärt sich diese Diskrepanz zwischen unseren naiven Geniekulten und den ernüchternden Desillusionierungen? Die Tendenz, vermeintliche Genies und Überflieger vom Sockel zu stürzen, ist eine Ausgleichsfunktion des sozialen Feldes. Jede Extremposition im Feld bringt sofort die Gegenkräfte ins Spiel. Zudem sind die posthumen Entlarvungen nur die Kehrseite der vorangegangenen Glorifizierungen. Letztendlich erweist sich der Geniekult als eine besondere Form unseres Bedürfnisses nach Selbsttäuschung. Die Wirklichkeit ist zu schnöde, als dass wir sie ertrügen. Wir malen lieber romantisierende Glorienbilder, als uns der ernüchternden Anstrengung eines realistischen Menschenbildes zu unterziehen.

Doch die Wirklichkeit konfrontiert uns immer auch mit der banalen Tatsache, dass es keine überragenden Leistungen ohne ein entsprechendes (oft ausgebeutetes) soziales Unterstützungssystem gibt. Man denke dabei nur an das Beispiel Brecht. Der Literaturwissenschaftler John Fuegi versuchte 1994 mit der publikumswirksamen These »sex for text« den genialen Poeten vom Sockel zu stürzen. Seine bewunderten Werke seien letztlich Schöpfungen seiner in mehrfacher Hinsicht ausgebeuteten Mitarbeiterinnen. Sabine Kebir (1997) hat jedoch in einer klugen Analyse diese Vorwürfe zurückgewiesen und deutlich gemacht, dass Brecht eine kollektive Arbeitsweise entwickelt hat, die es seinen Mitarbeiterinnen erst ermöglichte, im Team ihre kreativen Potenziale in einer Intensität zu erschließen, die ihnen allein unmöglich gewesen wäre. Ihre Untersuchung zeigt aber auch, wie sehr die Verlage daran beteiligt waren, am Mythos des herausgehobenen Genies zu stricken und die Leistungen des Kreativen Feldes, den Anteil seiner Mitarbeiterinnen zu unterschlagen. Mein Plädoyer für die Abschaffung des unangemessenen Geniekults bedeutet letztlich nichts anderes, als den Versuch, ein realistisches Menschenbild, ohne Grandiositäts- und Allmachtsfantasien zu entwickeln und eine Besinnung auf unsere wahre Stärke als menschliche Spezies zu fördern: Gemeinsam in einem gleichberechtigten Team sind wir stark. Jeder kann etwas zu kreativen Durchbrüchen beitragen, wenn er bereit ist, nicht nur sein Bestes zu geben, sondern sich seinen Schwächen zu stellen und sie durch Partner ausgleichen zu lassen. Das, was wir im Nachhinein als Genie fantasieren, erweist sich bei näherer Betrachtung als eine Person im Feld, die über besondere Führungseigenschaften verfügt. Sie ist so etwas wie ein Kristallisations- beziehungsweise Verdichtungskern, der die im Feld vorhandenen Fähigkeiten bündelt und in eine Form bringt.

Ich vertrete die These, dass unter bestimmten Bedingungen in fast jedem von uns die Fähigkeit zu überdurchschnittlichen kreativen Leistungen vorhanden ist; dass also – wie wir bereits mit der optimistischen Vision Robert Jungks erfahren haben – in jedem von uns mehr steckt, als wir wissen; dass es möglich ist, unsere verborgenen Schätze zu heben, wenn wir geeignete Beziehungsfelder schaffen. Wir werden alle davon profitieren. Oder um es nüchterner auszudrücken: Die Natur ist – wie es der Vordenker des »vernetzten Denkens«, Frederic Vester, einmal ausgedrückt hat – ein Erfolgsunternehmen. Es hat in Millionen von Jahren nicht Pleite gemacht und funktioniert besser als alle von den Menschen erfundenen Systeme. Ihre überragende Leistung beruht auf dem Synergiefaktor, auf dem koordinierten Zusammenwirken vergleichsweise einfacher Teile, deren Zusammenwirken erst die von uns bewunderte Komplexität hervorbringt. Das Synergieprinzip erweist sich als ein übergreifendes Erfolgsprinzip komplexer Systeme. Überträgt man diesen Gedanken auf das Entstehen kreativer

Prozesse, dann wird deutlich, dass vom Feld losgelöste Kreativität eher unwahrscheinlich ist. Die ausschließliche Fixierung auf kreative Genies führt uns in eine Sackgasse, denn – wie ich es mit Argumenten Binnigs eingangs beschrieben habe – Kreativität ist ein kollektives Phänomen, Ergebnis einer geeigneten sozialen Mischung, eines in bestimmter Weise konfigurierten Kreativen Feldes. Ähnlich wie beim Zusammenschluss von Personalcomputern mit begrenzter Rechenleistung, wodurch komplexere Leistungen möglich werden, sind auch durch den Zusammenschluss von Personen mit begrenzten, aber sich ergänzenden Fähigkeiten sehr weitgehende Leistungssteigerungen möglich. Da selbst die Gehirne der »beschränktesten« Geister um ein Vielfaches komplexer sind als die Leistungen hochentwickelter Computer, gibt es Anlass zur Hoffnung, dass nicht nur die zurzeit wieder einmal propagierte Elitenbildung, sondern auch Synergiebildung schöpferische Spitzenleistungen hervorbringen kann.

Ein wichtiger Einwand ist noch auszuräumen. Manche Autoren sprechen von der »Teamlüge« und beschreiben damit die frustrierende Erfahrung scheiternder Teams, in denen sich die Egos gegenseitig behindern. Natürlich gibt es eine Vielzahl von Pseudoteams, die unter fremdbestimmten Zielsetzungen von Firmenleitungen zwangsrekrutiert werden. Die Egos solcher Zwangsteams blockieren sich häufig gegenseitig, weil sie nicht ihrer inneren Berufung folgen und über keine gemeinsam geteilte Vision verfügen. Mit der Einrichtung von Zwangsteams schaffen wir oft antikreative Felder und verringern die Bereitschaft zur Zusammenarbeit. Diese Teams funktionieren nicht, weil in ihnen keine Bewusstheit über den Feldcharakter von gemeinsamen Schöpfungsprozessen existiert.

Wenn wir aber damit beginnen, den Ort der Kreativität aktiv zu gestalten, dann müssen wir über günstige Feldfaktoren nachdenken. Und wenn wir davon ausgehen, dass Kreativität eine Funktion des Feldes ist (oder wie Bourdieu sagen würde: ein Effekt des Feldes), dann bedeutet dies, dass wir lernen sollten, geeignete Felder (das heißt »Orte der Kreativität«) zu finden oder zu konstruieren, in denen wir auch mit unseren begrenzten Fähigkeiten kreativ sein können. Hier haben wir einen großen Nachholbedarf nicht nur in unseren persönlichen Beziehungen, sondern auch in unseren sozialen Organisationen, in Institutionen und Firmen.

Meine Untersuchung hat eine Vielzahl von Hinweisen gegeben, die Sie schon jetzt umsetzen können. Ziel meiner Darstellung ist es, wesentliche Grundlagen zu beschreiben. In einer Reihe von Untersuchungen (Burow 2001, 2011, 2014) habe ich ausgehend von der hier beschriebenen Theorie Grundtypen von Kreativen Feldern und Umsetzungsverfahren praxisbezogen beschrieben. Von der Paarkreativität, über Teamkreativität, Netzwerkkreativität und digitale Kreativität im Cyberspace bis hin zur Zukunftswerkstatt, Future Search Conference, Perfect Product Search Conference, Open Space Technology, Erfolgsteam-Konzept beziehungsweise Kollegiales Team-Coaching und Dialog-Gruppen werden dort praxiserprobte Verfahren zur Schaffung von Kreativen Feldern vorgestellt. Mit diesen Konkretisierungen geht es mir darum, den Abschied von einem individualisierten Leistungsbegriff und vom überholten Geniekult praktisch zu wenden und zu zeigen, dass es relativ einfache Möglichkeiten gibt, ungenutzte kreative Potenziale in Bildungsinstitutionen, Firmen und vielfältigen gesellschaftlichen Feldern freizusetzen und dafür zu sorgen, dass mehr Beteiligte ihr Potenzial entdecken und nutzen können. Letztendlich geht es doch darum, dass wir statt Burnout Entwicklungsfreude, Team-Flow und bisweilen sogar Glück erfahren.

Wenn wir uns die oft überraschend unspektakuläre Basis vieler kreativer Leistungen anschauen, dann werden wir erkennen, dass wir alle durchaus etwas tun können, um mit unseren vergleichsweise bescheidenen Fähigkeiten Erstaunliches zu erreichen. In jedem von uns steckt mehr, als wir wissen, und in den Feldern, in denen wir uns bewegen, hält sich ein schier unerschöpfliches, ungenutztes kreatives Potenzial verborgen. Wir beginnen gerade damit, zu lernen, wie wir es erschließen können.

Nachwort

Der vorliegende Text ist ein Beleg für die Gültigkeit meiner Theorie des Kreativen Feldes. Angeregt durch die jahrelange Leitung von Zukunftswerkstätten, Zukunftskonferenzen und Kreativtrainings entstand allmählich die Idee zu diesem Buch, das hier in einer grundlegend überarbeiteten und aktualisierten Version vorliegt. Seit 1999, als ich den ersten Entwurf der Theorie des Kreativen Feldes vorlegte, sind eine Reihe von Untersuchungen erschienen, die ich hier verarbeitet habe und die meine Thesen unterstützen, ergänzen und erweitern. Mein Mitarbeiter Dr. Stefan Bornemann (2012) hat in seiner Dissertation sogar ein Messverfahren für die Qualität Kreativer Felder entwickelt und die zentralen Faktoren überprüft.

Wenngleich ich der »Schöpfer« dieses Textes bin, so ist seine Entstehung doch undenkbar ohne die zahlreichen Anregungen von Freunden und Kollegen. In der Tat habe ich von einem Kreativen Feld profitiert, das ich zusammen mit anderen in den letzten Jahren geschaffen habe. Hervorheben möchte ich die Diskussionen mit den Mitgliedern unseres Instituts für Synergie und soziale Innovationen (ISI), das jetzt www.ISI-am-see.de heißt, insbesondere Dr. Heinz Hinz, Volker Imschweiler, Jörg Lechner, Dr. Alfred Messmann. Weiter erhielt ich wichtige Hinweise durch Prof. Dr. Heinrich Dauber und Prof. Dr. Hans-Günther Rolff von der Deutschen Akademie für Pädagogische Führung (DAPF).

Nicht vergessen werden darf Brigitte Delius-Voigt, die den ersten, spannungsreichen Schreibprozess aufmunternd und kritisch begleitete. Meine Frau, Christel Schmieling-Burow, hat mit »Art-Coaching« (www.art-coaching.org) ein Verfahren zur Bildung Kreativer Felder entwickelt und meine Töchter Sarah und Sophia haben wichtiges Anschauungsmaterial geliefert. Wichtige Anregungen habe ich von Mihály Csíkszentmihályi, Helmut E. Lück und Martin Seligman erhalten.

Ingeborg Sachsenmeier vom Beltz Verlag sorgte für ein ausgezeichnetes Lektorat und Birgit Pusceddu für Korrekturen und das Register.

Ich möchte auch denen danken, die ich hier nicht erwähnen konnte, weil die Liste dann zu lang geworden wäre oder weil ich ihren Beitrag schlicht übersehen habe. Ich bin mir bewusst, dass viele, mit denen ich in den letzten Jahren gearbeitet habe, einzelne Mosaiksteine zum Gesamtbild beigetragen haben.

Literatur

Anders, G. (1956/1984): *Die Antiquiertheit des Menschen*. Bd. 1: Über die Seele im Zeitalter der zweiten industriellen Revolution. Bd. 2: Über die Zerstörung des Lebens im Zeitalter der dritten industriellen Revolution. München: Beck.

Antonovsky, A./Franke, A. (1997): *Salutogenese*. Zur Entmystifizierung der Gesundheit. Tübingen.

Aulinger, A./Miller, L. (2014): *Kollektive Intelligenz, Teamintelligenz und Intelligenz*. Was sie verbindet – was sie unterscheidet. Stuttgart: Steinbeis-Edition.

Bateson, G. (1985): *Ökologie des Geistes*. Frankfurt am Main: Suhrkamp.

Bauer, J. (2013): *Das Gedächtnis des Körpers*. 3. Auflage. Frankfurt am Main: Eichborn.

Beck, U. (1986): *Risikogesellschaft*. Auf dem Weg in eine andere Moderne. Frankfurt am Main: Suhrkamp.

Bennis, W. (1997): *Zur »Vorhut von Anführern« gehören*. In: Gibson, R. (1997): Rethinking the Future, S. 223–242.

Bennis, W./Biedermann, P. W. (1998): *Geniale Teams*. Das Geheimnis kreativer Zusammenarbeit. Frankfurt am Main: Campus.

Berendt, J. E. (1996): *Das Leben ein Klang*. München: Droemer Knaur.

Berendt, J. E. (1983): *Nada Brahma*. Die Welt ist Klang. Frankfurt am Main: Fischer Transformation.

Berndt, C. (2013): *Resilienz*. Das Geheimnis der psychischen Widerstandskraft. München: dtv.

Binnig, G: (1992): *Aus dem Nichts*. Über die Kreativität von Natur und Mensch. München: Piper.

Bohm, D. (2014): *Der Dialog*. Das offene Gespräch am Ende der Diskussion. 7. Auflage. Stuttgart: Klett-Cotta.

Bornemann, S. (2012): *Kooperation und Kollaboration*. Das Kreative Feld als Weg zu innovativer Teamarbeit. Wiesbaden: VS-Verlag.

Bourdieu, P. (1992): *Die verborgenen Mechanismen der Macht*. Hamburg.

Bourdieu, P. (1992): *Homo academicus*. 5. Auflage. Frankfurt am Main: Suhrkamp.

Bourdieu, P. (1993): *Sozialer Sinn*. Kritik der theoretischen Vernunft. 8. Auflage Frankfurt am Main: Suhrkamp.

Bourdieu, P. (1987): *Die feinen Unterschiede*. Zur Kritik der gesellschaftlichen Urteilskraft. 23. Auflage. Frankfurt am Main: Suhrkamp.

Brodbeck, K.-H. (2010): *Entscheidung zur Kreativität*. 4. Auflage. Darmstadt: Wissenschaftliche Buchgesellschaft.

Buber, M. (2009): *Das Dialogische Prinzip*. 10. Auflage. Gütersloh: Gütersloher Verlagshaus

Bürmann, J. (1992): *Persönlich bedeutsames Lernen.* Bad Heilbrunn: Klinkhardt.
Bürmann, J./Dauber H. /Holzapfel G. (Hrsg.) (1997): *Humanistische Pädagogik in Schule, Hochschule und Weiterbildung.* Lehren und Lernen in neuer Sicht. Bad Heilbrunn: Klinkhardt.
Burow, O.-A. (2014): *Digitale Dividende.* Ein pädagogisches Update für mehr Lernfreude und Kreativität in der Schule. Weinheim und Basel: Beltz.
Burow, O.-A. (2011): *Positive Pädagogik.* Sieben Wege zu Lernfreude und Schulglück. Weinheim und Basel: Beltz.
Burow, O.-A./Pauli, B. (2010): *Ganztagsschule entwickeln.* Von der Unterrichtsanstalt zum Kreativen Feld. 2.Auflage. Schwalbach/Ts.: Wochenschau.
Burow, O.-A. (2000): *Ich bin gut - wir sind besser.* Erfolgsmodelle kreativer Gruppen. Stuttgart: Klett-Cotta.
Burow, O.-A. (1998): *Der Arbeitsplatz als Kreatives Feld.* In: Arbeitsplatz Schule. Friedrich Jahresheft XVI. Seelze: Friedrich, S. 120–124.
Burow, O.-A. (1997): *Wie man Zukunft (er-)finden und gestalten kann.* In: Bürmann, J./Dauber, H./Holzapfel, G. (Hrsg.), S. 223–244.
Burow, O.-A. (1997): *Mit Rezepten aus der Wirtschaft das Bildungswesen heilen?* In: Krüger, H.H./Olbertz, J.H. (Hrsg.) (1997): Bildung zwischen Staat und Markt. Opladen: Leske und Budrich, S. 641–662.
Burow, O.-A. (1996): *Zukunftskonferenz.* Wie man Zukunft (er-)finden kann. In: Pädagogik, 10. S. 39–42.
Burow, O.-A. (1996): *Lernen für die Zukunft oder die »fünfte Disziplin des Lernens«.* In: Nachhaltige Entwicklung Aufgabe der Bildung. Symposium des Modellversuchs. Berlin: BUND Landesverband Berlin, S. 33–42.
Burow, O.-A. (1995): *Zukunftswerkstatt als Instrument der Schulentwicklung.* In: Beratung und Schule. Weilburg: HILF. Burow, O.-A. (1993): Gestaltpädagogik: Trainingskonzepte und Wirkungen. Paderborn: Junfermann.
Burow, O.-A. (1993): *Gestaltpädagogik.* Trainingskonzepte und Wirkungen. Paderborn: Junfermann.
Burow, O.-A. (1992): *Synergie als handlungsleitendes Prinzip Humanistischer Pädagogik.* Konsequenzen für kooperatives Lernen in der Schule. In V. Buddrus (Hrsg.): Die »verborgenen« Gefühle in der Pädagogik. Impulse und Beispiele aus der Humanistischen Pädagogik zur Wiederbelebung der Gefühle. Hohengehren: Schneider, S. 97–112.
Burow, O.-A. (1991): *Give Peace a Chance.* John Lennon als Symbol unserer Suche nach Identität und Engagement. Ein gestaltpädagogisches Unterrichtsmodell. In: Burow, O.-A./Kaufmann (Hrsg.): Gestaltpädagogik in Praxis und Diskussion. Berlin: HdK.

Burow, O.-A. (1988): *Grundlagen der Gestaltpädagogik*. Dortmund: verlag modernes lernen.

Burow, O.-A./Freiboth, M./Gottschalk, A. (2015): *Der Change Code. Wie Sie die Transformationslücke schließen.* Erscheint Ende 2015.

Burow, O.-A./Neumann-Schönwetter, M. (Hrsg.) (1995): *Zukunftswerkstatt in Schule und Unterricht.* Hamburg: Bergmann & Helbig. Überarbeitete Neuauflage 1998.

Burow, O.-A./Messmann, A. (1991): *Zukunftswerkstätten als Chance für generationenübergreifende Lernprozesse.* In: Studieren und Verstehen, Berliner Akademie für weiterbildende Studien (Hrsg.) 8, S. 10–16.

Burow, O.-A./Quitmann, N. H./Rubeau, M. (1987): *Gestaltpädagogik in der Praxis.* Salzburg: Otto Müller.

Buzan, T./Buzan, B. (2005): *Das Mind-Map-Buch.* 5. Auflage. Landsberg: mvg.

Christakis, N. A./Fowler, J.H. (2010): *Connected! Die Macht sozialer Netzwerke und warum Glück ansteckend ist.* Frankfurt am Main: Fischer.

Copei, F. (1966): *Der fruchtbare Moment im Bildungsprozess.* 8. Auflage Heidelberg: Quelle und Meyer.

Csíkszentmihályi, M. (1992): *Flow. Das Geheimnis des Glücks.* Stuttgart: Klett-Cotta.

Csíkszentmihályi, M. (1995): *Dem Sinn des Lebens eine Zukunft geben.* Eine Psychologie für das 3. Jahrtausend. Stuttgart: Klett-Cotta.

Csíkszentmihályi, M. (2007): *Kreativität.* 5. Auflage. Stuttgart: Klett-Cotta.

Cummings, A./Oldham, G. R. (1998): *Wo Kreativität am besten gedeiht.* In: Harvard Business Manager 4, S. 32–43.

Deci, E./Ryan, R. (1993): *Die Selbstbestimmungstheorie der Motivation und ihre Bedeutung für die Pädagogik.* Zeitschrift für Pädagogik, 39, S.223–238.

Duff, C. (1998): *Warum die Jugend heute die Nase vorn hat.* Lehren aus der Kunst: Anhand von Malerkarrieren entwickelt der US-Wissenschaftler David Galenson eine Theorie der Produktivität. In: Tagesspiegel, Nr. 16 353, 2. Juni. Berlin.

Eggers, D. (2014): *Der Circle.* Köln: Kiepenheuer & Witsch.

Elias, N. (1976): *Über den Prozess der Zivilisation.* 2. Bd. Frankfurt am Main: Suhrkamp.

Eppler, E. (1981): *Wege aus der Gefahr.* Reinbek: Rowohlt.

Fechner, E. (1998): *Die Comedian Harmonists.* Sechs Lebensläufe. München: Heyne.

Florida, R. (2002): *The Rising of the Creative Class.* New Xork: Perseus Group.

Foerster, H. v. (1993): *KybernEthik.* Berlin: Merve. Darin: Lethologie, S. 126–160.

Freinet, E. (1981): *Erziehung ohne Zwang*. Stuttgart: Klett. Fromm, E. (1979): *Haben oder Sein. Die seelischen Grundlagen einer neuen Gesellschaft*. München: dtv.

Fromm, E. (1985): *Anatomie der menschlichen Destruktivität*. Reinbek: Rowohlt.

Fuegi, J. (1994): *Brecht und Co*. Hamburg: Europäische Verlagsunion.

Fuller, G. (1996): *Das Ende. Von der heiteren Hoffnungslosigkeit im Angesicht der ökologischen Katastrophe*. Frankfurt am Main: Fischer.

Galenson, D. (2002): *Painting Outside the Lines. Patterns of Creativity in Modern Art*, Harvard University Press.

Gardner, H. (1991): *Abschied vom IQ. Die Rahmen-Theorie der vielfachen Intelligenzen*. Stuttgart: Klett-Cotta.

Gardner, H. (2004): *Der ungeschulte Kopf. Wie Kinder denken*. 5. Auflage. Stuttgart: Klett-Cotta.

Gardner, H. (1996): *So genial wie Einstein. Schlüssel zum kreativen Denken*. Stuttgart: Klett-Cotta.

Gardner, H. (1997): *Die Zukunft der Vorbilder. Das Profil der innovativen Führungskraft*. Stuttgart: Klett-Cotta.

Gates, B. (1995): *Der Weg nach vorn*. Hamburg: Hoffmann und Campe.

Gladwell, M. (2009): *Überflieger. Warum manche Menschen erfolgreich sind und andere nicht*. Frankfurt am Main: Campus.

Gladwell, M. (2002): *Tipping Point. Wie kleine Dinge großes bewirken können*. München: Goldmann.

Goleman, D. (1997): *Emotionale Intelligenz*. 2. Auflage. München: dtv.

Goleman, D./Kaufmann, P./Ray, M. (1979): *Kreativität entdecken*. München: Hanser.

Gigerenzer, G. (2008): *Bauchentscheidungen. Die Intelligenz des Unbewussten und die Macht der Intuition*. München: Goldmann.

Gottschalk, A. (2003): *Intraorganisationelle Expertennetzwerke. Konzeption – Dimension – Evaluation*. Herdecke: GCA.

Guntern, G. (Hrsg.) (1996): *Intuition und Kreativität*. Zürich: Scalo.

Heckhausen, H./Heckhausen, J. (2010): *Motivation und Handeln. Lehrbuch der Motivationspsychologie*. 4. Auflage. Berlin, Heidelberg: Springer.

Hermann, A. (1994): *Heisenberg*. Reinbek: Rowohlt.

Heßler, M./Zimmermann, C. (Hrsg.) (2008): *Creative Urban Milieus. Historical Perspectives on Culture, Economy and the City*. Frankfurt am Main: Campus.

Holman, P./Devane, T. (Hrsg.) (2007): *The Change Handbook. The Definitive Resource to Today's Best Methods Engaging Whole Systems*. New York: McGraw-Hill Professional.

Horgan, J. (1997): *An den Grenzen des Wissens*. München: Luchterhand.
Hüther, G./Hauser, U. (2012): *Jedes Kind ist hoch begabt*. München: Knaus.
Irnai, M (1992): *Kaizen*. Der Schlüssel zum Erfolg der Japaner im Wettbewerb. Berlin: Ullstein.
Johler, J./Olly, A (1995): *Bye, bye Ronstein*. München: Luchterhand.
Johler, J./Burow, O.-A. (2010): *Gottes Gehirn*. Berlin: Ullstein.
Johnson, Steve (2013): *Wo gute Ideen herkommen*. Eine kurze Geschichte der Innovation. Bad Vilbel: Scoventa.
John-Steiner, V. (2000): *Creative Collaboration*. Oxford: Oxford University Press.
Jungk, R. (1993): *Trotzdem*. Mein Leben für die Zukunft. München: Hanser.
Jungk, R. (1993) (Hrsg.): *Delphin-Lösungen*. Das Jahrbuch 93 der kreativen Antworten. Frankfurt am Main: Horizonte.
Jungk, R. (1990) (Hrsg.): *Katalog der Hoffnung*. 51 Zukunftsmodelle. Neuwied: Luchterhand.
Jungk, R./Müllert, N. (1989): *Zukunftswerkstätten*. Mit Phantasie gegen Routine und Resignation. München: Heyne (Nr. 73).
Jungk, R. (1977): *Projekt Ermutigung*. Berlin.
Kao, J. (1997): *Die Vorzüge der betrieblichen »Unordnung«*. In: Pierer, H. v./Oetinger, B. v. (Hrsg.): Wie kommt das Neue in die Welt? München: Hanser, S. 319–330.
Kebir, S. (1997): *Ich fragte nicht nach meinem Anteil*. Elisabeth Hauptmanns Arbeit mit Bertolt Brecht. Berlin: Aufbau.
Kebir, S. (1998): *Ein akzeptabler Mann? Brecht und die Frauen*. Berlin: Aufbau.
Kelly, K. (1997a): *Das Ende der Kontrolle*. Köln: Bollmann.
Kelly, K. (1997b): *Die neue Biologie des Unternehmens*. In: Gibsan, R. (Hrsg.): Rethinking the Future. Landsberg. Moderne Industrie. S. 357–380.
Kris, E./Kurz, O. (1995): *Die Legende vom Künstler*. Ein geschichtlicher Versuch. 5. Auflage. Frankfurt am Main: Suhrkamp.
Kuhn, T. (1996): *Die Struktur wissenschaftlicher Revolutionen*. 13. Auflage Frankfurt am Main: Suhrkamp.
Lanier, J. (2014): *Wem gehört die Zukunft?* Hamburg: Hofmann & Campe.
Lennon, J. (1981): *Lennon über Lennon*. Abschied von den Beatles. Reinbek: Rowohlt.
Lévy, P. (1996): *Die kollektive Intelligenz*. Eine Anthropologie des Cyberspace. Köln: Bollmann.
Levy, S. (1996): *Künstliches Leben aus dem Computer*. München: Knaur.
Lewin, K. (1982): *Werkausgabe*. Bd.4, Feldtheorie. Stuttgart: Klett-Cotta.
Lewin, K. (1922): *Der Begriff der Genese in Physik, Biologie und Entwicklungsgeschichte*. Berlin: Springer.

Lozanov, G. (1979): *Suggestology and Outlines of Suggestopedia*. New York.
Lück, H. E. (1996): *Die Feldtheorie und Kurt Lewin*. Weinheim und Basel: PVU.
McAdams, D. P. (1996): *Das bin ich*. Wie persönliche Mythen unser Selbstbild formen. Hamburg: Kabel.
Martin, G. (1996): *Summer of Love*. Wie Sgt. Pepper entstand. Berlin: Henschel.
Meyer-Abich, K. M. (1988): *Wissenschaft für die Zukunft*. Holistisches Denken in gesellschaftlicher und ökologischer Verantwortung. München: Beck.
Minsky, M. (1990): *Mentopolis*. Stuttgart: Klett-Cotta.
Montessori, M. (1987): *Kinder sind anders*. München: dtv.
Negt, O./Burow, O.-A. (1998): *Interview*. In: Friedrich Jahresheft »Thema Zukunft«. Seelze: Friedrich, S. 71–74.
Negt, O. (1997): *Kindheit und Schule in einer Welt der Umbrüche*. Göttingen: Steidl.
Perls, F. S./Hefferline, R. F./Goodman, P. (1981): *Gestalttherapie*. Lebensfreude und Persönlichkeitsentfaltung (I). Stuttgart: Klett-Cotta (6. Auflage 1994).
Perls, F. S./Hefferline, R. F./Goodman, P. (1979): *Gestalttherapie*. Wiederbelebung des Selbst (II): Stuttgart: Klett-Cotta (8. Auflage 1996).
Pöppel, E. (1996): *Radikale Syntopie an der Schnittstelle von Gehirn und Computer*. In: Maar, C., Pöppel, E. & Christaller, T. (Hrsg.): Die Technik auf dem Weg zur Seele. Forschungen an der Schnittstelle Gehirn/Computer. Reinbek: Rowohlt, S. 12–29.
Robinson, K. (2010): *In meinem Element*. Wie wir von erfolgreichen Menschen lernen können, unser Potenzial zu entdecken. München: Goldmann arkana.
Robinson, K. (2011): *Out of our Minds*. Learning to be Creative. Chichester: Capstone.
Rogers, C. R. (1984): *Freiheit und Engagement*. Personenzentriertes Lehren und Lernen. München: Kösel.
Rossum, W. (2001): *Simone de Beauvoir und Jean-Paul Sartre*. Die Kunst der Nähe. 2. Auflage. Reinbek: Rowohlt.
Sawyer, K. (2007): *Group Genius*. The Creative Power of Collaboration. New York: Basic Books.
Scharmer, C. O. (2013): *Theorie U: Von der Zukunft her führen*. Presencing als soziale Technik der Freiheit. 3. Auflage. Heidelberg: Carl Auer.
Scharmer, C. O. (2009): *Theorie U: Von der Zukunft her führen*. Presencing als soziale Technik der Freiheit. MIT: download unter: http://www.ottoscharmer.com/publications/
Schmidt, E./Cohen, J. (2013): *The New Digital Age*. London: John Murray Publishers.
SchUB (1996): *Lernen für die Zukunft – oder die fünfte Disziplin des Lernens*. In: Nachhaltige Entwicklung. Auftrag für die Bildung. Symposium des Mo-

dellversuchs Schulische Umweltbildung. S.33–42. Berlin: Bund für Umwelt und Naturschutz Deutschland (BUND) & Modellversuch Schulische Umweltbildung Berlin (SchUB). Zu beziehen über: Modellversuch SchUB, Holzmarktstraße 73, 10179 Berlin.

Seligman, M. E. P. (2012): *Flourish: Wie Menschen aufblühen*. Die Positive Psychologie des gelingenden Lebens. München: Kösel.

Semprun, J. (1981): *Was für ein schöner Sonntag*. Frankfurt am Main: Suhrkamp.

Senge, P. (1997): *Durch das Nadelöhr*. In: Gibson (1997), S. 187–222.

Senge, P. (2011): *Die fünfte Disziplin*. Theorie und Kunst der lernenden Organisation. 11. Auflage, Stuttgart: Klett-Cotta.

DER SPIEGEL (1997): *Fragiles Selbst*. Heft 32, S. 162.

Stengers, I./Prigogine, I. (1989): *Dialog mit der Natur*. München: Piper.

Sternberg, R. J. (1998): *Erfolgsintelligenz*. Warum wir mehr brauchen als EQ + IQ. München: Lichtenberg.

Sulloway, F. J. (1997): *Der Rebell der Familie*. Berlin: Siedler.

Sunstein, C.R./Thaler R. (2009): *Nudge*. Berlin: Econ.

Sunstein, C. R. (2009): *Infotopia*. Frankfurt am Main: Suhrkamp.

Surowiecki, J. (2005): *Die Weisheit der Vielen*. Warum Gruppen klüger sind als Einzelne und wie wir das kollektive Wissen für unser wirtschaftliches, soziales und politisches Handeln nutzen können. München: C. Bertelsmann.

Trocchio, F. Di (1998): *Newtons Koffer*. Geniale Außenseiter, die die Wissenschaft blamierten. Frankfurt am Main: Campus.

Vbw – Vereinigung der Bayrischen Wirtschaft e.V. (Hrsg.) (2014): *Psychische Belastungen und Burnout beim Bildungspersonal*. Münster: Waxmann.

Vester, F. (1980): *Neuland des Denkens*. Stuttgart: DVA.

Vester, F. (1990): *Leitmotiv vernetztes Denken*. Für einen besseren Umgang mit unserer Welt. München: Heyne.

Watzlawick, P./Beavin, J. H./Jackson, D. D. (2011): *Menschliche Kommunikation*. Formen, Störungen, Paradoxien. 12. Auflage. Bern: Huber.

Weizsäcker, E. U. v. (Hrsg.) (1997): *Grenzen-los? Jedes System braucht Grenzen aber wie durchlässig müssen sie sein?* Basel: Birkhäuser.

Weizsäcker, E. U. v./Lovins, A. (1995): *Faktor Vier*. München: Droemer.

Wheatley, M. J. (1997): *Quantensprung der Führungskunst*. Die neuen Denkmodelle der Naturwissenschaften revolutionieren die Management-Praxis. Reinbek: Rowohlt.

Willi, J. (2005): *Ökologische Psychotherapie*. Reinbek: Rowohlt.

Willi, J. (1989): *Ko-Evolution*. Die Kunst gemeinsamen Wachsens. Reinbek: Rowohlt.

Personenregister

A
Allan, Paul 23, 63, 172
Antonovsky, A. 127

B
Bauer, Joachim 139
Beauvoir, Simone de 23
Becks, Ulrich 48
Bennis, Warren 23, 112, 129, 145, 172
Bettelheim, Bruno 199
Biberti, Robert 11, 12, 13, 14, 15, 32, 55, 125, 128, 146, 173, 183, 197
Biedermann, Patricia Ward 23
Binnig, Gerd 47, 202
Bohm, David 69, 170
Bootz, Erwin 12, 14, 15, 26, 32, 64, 128, 146, 173, 197, 198
Bornemann, Stefan 206
Bosco, Vicente de 35
Bourdieu, Pierre 114, 115, 116, 119, 132, 138, 185, 202
Brecht, Bertolt 120, 121, 145, 183, 200
Brin, Sergey 64, 172, 186
Brodbeck, Karl-Heinz 129, 130, 142
Bruno, Giordano 106, 133
Bubers, Martin 169
Burow, Olaf-Axel 27, 49, 50, 56, 63, 124, 126, 127, 128, 130, 134, 147, 148, 149, 150, 155, 162, 163, 167, 186, 187, 195, 203

C
Camara, Dom Helder 165
Chaplin, Charlie 84
Christakis, Nicolas 80
Christaller, T. 37
Collin, Erich 14, 15, 197
Copei, Friedrich 155
Csíkszentmihályi, Mihály 44, 45, 58, 62, 109, 113, 116, 120, 122, 144, 145, 146, 154, 155, 156, 157, 158, 159, 160, 161, 163, 206
Cummings, A. 31, 32, 128, 161
Curie, Pierre und Marie 23
Cycowski, Roman 14, 15, 197

D
Dauber, Heinrich 206
Deci, Edward L. 127
Delius-Voigt, Brigitte 206
Disneys, Walt 23
Duff, C. 60, 61

E
Einstein, Albert 19, 58, 61, 67, 111, 120
Elias, Norbert 157
Epstein, Brain 125, 172, 187

F
Fechner, E. 11
Feuchtwanger, Lion 121
Florida, Richard 62
Foerster, Heinz v. 150, 151, 152, 153, 191
Fowler, James 80
Freinet, Celestin 161
Freud, Sigmund 19, 58, 67, 119
Fromm, Erich 119
Frommermann, Harry 10, 11, 12, 13, 14, 15, 18, 21, 26, 30, 32, 64, 104, 112, 128, 145, 172, 173, 186, 197, 198

Fuegi, John 200

G
Galenson, David 60, 61
Gardner, Howard 58, 59, 60, 61, 62, 63, 64, 66, 67, 120, 132, 160, 194, 198
Gates, Bill 23, 63, 172
Gladwell, Malcom 62

H
Heckhausen, Heinz 155
Heidegger, Martin 200
Heßler, Martina 62
Hinz, Heinz 206
Horgan, John 25

I
Imschweiler, Volker 206

J
Jobs, Steve 23, 63, 145, 172, 186
Johler, Jens 37, 195
Jungk, Robert 166, 167, 201

K
Kahl, Reinhard 192
Kao, John 24, 27, 28, 29, 30, 31, 33
Kebir, Sabine 200
Kelly, K. 152
Kris, Ernst 22
Kuhn, Thomas 66, 131
Kurz, Otto 22

L
Lanier, Jerome 50, 53
Laue, Max von 151

Lechner, Jörg 206
Lenin, Wladimir 199
Lennon, John 17, 23, 63, 125, 128
Leschnikoff, Ari 14, 15, 146, 197
Levy, Pierre 23
Lewin, Kurt Tsadek 75, 76, 77, 78, 79, 80, 81, 82, 121, 125, 149, 154, 168, 185, 189
Loman, Biff 135
Loman, Willy 134, 135, 136, 140, 141, 142
Lozanov, Georgi 126, 127
Lück, Helmut E. 76, 77, 79, 81, 82, 83, 206

M
Maar, C. 37
Martin, George 17, 116, 158, 169, 172, 187
Marx, Karl 199
Mayers, Robert 25
McCartney, Paul 63, 128
Mead, Margaret 192
Messmann, Alfred 206
Middelhoff, Thomas 122
Miller, Arthur 134
Montessori, Maria 155, 161

N
Negt, Oskar 56
Neumann-Schönwetter, Marina 167

O
Oldham, G.R. 31, 32, 128, 161
OnoYoko 23

P

Page, Larry 64, 172
Parkers, Charlie 30
Pauli, Bettina 163
Perrow, Charles 193
Picasso, Pablo 58, 60, 61, 113, 120
Planck, Max 151
Pöppel, E. 37

R

Robinson, Ken 38, 69, 161
Rolff, Hans-Günther 206
Rossum, Walter 68
Ryan, Richard M. 127

S

Sartre, Jean Paul 23, 53
Sartre, Jean-Paul 68
Sawyer, Keith 23, 39, 40, 41, 42
Scharmer, Claus Otto 30, 142
Schmidt, Eric 50
Schmieling-Burow, Christel 206
Seligman, Martin 116, 158, 163, 206
Senge, Peter 24
Steiner, Theodor 10, 14, 23
Sternberg, Robert J. 58
Strawinsky, Igor Fjodorowitsch 58, 67, 113
Stumpf, Carl 77

T

Trocchio, Federico Di 25, 26
Turner, Tina 47

V

Vester, Frederic 201

W

Walk, Jig 10
Watzlawick, Paul 160
Wheatley, Margaret J. 71, 75, 79, 165
Willi, Jürg 169
Wozniak, Steve 23, 63, 145, 172

Z

Zimmermann, Clemens 62

Balance im Privat- und Berufsleben halten

Die beiden Resilienzexperten Sylvia Kéré Wellensiek und Joachim Galuska liefern einen Überblick über die aktuelle Resilienzforschung. Darauf aufbauend stellen sie dar, was jeder Einzelne, Unternehmen, Organisationen und die Gesellschaft tun können, um die zunehmenden Belastungen in der Arbeitswelt und Gesellschaft besser zu bewältigen.

Resilienz widmet sich konsequent dem Gedanken, Widrigkeiten und Herausforderungen nicht zu umgehen, sondern sie zu meistern und an ihnen zu wachsen. Resilienz ist das Gegengewicht zur zunehmenden Belastung und Geschwindigkeit in unserer Arbeitswelt und Gesellschaft. Resilient zu sein bedeutet für den Einzelnen, erfolgreich mit belastenden Lebensumständen und mit den negativen Folgen von Stress umzugehen. Die körperliche Gesundheit und genauso die emotionale, mentale und geistig-seelische Ausgeglichenheit sind und bleiben die Basis von jedweder Leistungsfähigkeit.

Aus dem Inhalt:
- Resilienz denkt positiv und schaut auf die Ressourcen, statt auf die Defizite
- Die heutigen Belastungen rufen auf zu einem Bewusstseinswandel
- Der einzelne Mensch kann sich aktiv in seiner Kraft und Achtsamkeit stärken
- Führungskräfte, Teams und Organisationen brauchen Stärke und Flexibilität zugleich
- Unsere Gesellschaft muss die Ressource Mensch erkennen und schützen

Sylvia Kéré Wellensiek/
Joachim Galuska
Resilienz – Kompetenz der Zukunft
Balance halten zwischen Leistung und Gesundheit
2014. 208 Seiten. Gebunden.
ISBN 978-3-407-36550-7

www.beltz.de   BELTZ

Herausforderung Teamarbeit

Solange Teams in eine gemeinsame Richtung gehen und gerne zusammenarbeiten, klappt die Arbeit hervorragend. Was aber, wenn Probleme auftauchen? – Franz Will zeigt, wie man Konflikte schon im Ansatz erkennt, sie analysiert, steuert und entschärft.

Die Checkliste zur Teamdiagnose gibt erste Anhaltspunkte zur Bearbeitung von Teamkonflikten. Ob es um den Umgang mit Einzelgängern geht, zu hohen Erwartungen an die Gruppe, Probleme mit der Leitung oder um das Verhalten in bestimmten Konfliktsituationen – hier finden Sie Wege und Strategien, um das Team wieder flott zu bekommen. Viele Beispiele und Lösungsansätze erleichtern die Umsetzung in die Praxis.

»Dem Autor gelingt es, die Analyse und Bewältigung von Teamkonflikten mit guten Praxisbeispielen, überzeugenden Vorschlägen und Methoden spannend und originell darzustellen.«

managerSeminare

»Franz Will gibt Teamleitern mit seinem Buch eine Art emotionale Röntgenbrille an die Hand. Sie lernen zu sehen, was hinter vermeintlicher Abwehr oder Unlust steckt, woher Konflikte wirklich kommen. Und er zeigt Teamleitern, sich ihrer eigenen Stellung und Macht (das heißt auch: Verantwortung) bewusst zu werden. Empfehlenswert für alle, bei denen die produktive Teamarbeit über Erfolg und Misserfolg entscheidet.«

OrganisationsEntwicklung

Franz Will
Teamkonflikte erkennen und lösen
Zwischen Emotionen und Sachzwängen
2012. 216 Seiten. Gebunden.
ISBN 978-3-407-36523-1

www.beltz.de

BELTZ

Wie Führungskräfte den Berufsalltag souverän meistern

Führungskräfte werden häufig nur unzureichend auf ihre Rolle vorbereitet und überschätzen in vielen Fällen ihre Fähigkeiten. Dieses Buch zeigt anhand vieler Beispiele, in welche Führungsfallen sie dabei tappen, wie sie diese schnell erkennen und gezielt überwinden können.

Neben einer realistischen Einschätzung der eigenen Führungskompetenz sind der richtige Umgang mit Macht, ein effizientes Selbstmanagement, eine klare Kommunikation und viel Fingerspitzengefühl mit unterschiedlichen Zielgruppen unentbehrliche Grundlagen für die Kunst des Führens.

Heike M. Cobaugh und Susanne Schwerdtfeger geben eine klare Anleitung, die aus ihrer langjährigen Praxis als Trainerinnen und Coaches für Führungskräfte erwachsen ist.

»Auf wissenschaftliche Ausführungen wird verzichtet, stattdessen ist das Buch handlungs- und lösungsorientiert. Ein guter Ratgeber und ein Impulsgeber zur Selbstreflexion.« *managerSeminare*

Heike M. Cobaugh,
Susanne Schwerdtfeger
Vorsicht: Führungsfallen!
Souverän den Führungsalltag meistern
2014. 216 Seiten. Gebunden.
ISBN 978-3-407-36554-5

www.beltz.de **BELTZ**

Mit diesem Buch ist der Erfolg im Beruf sicher!

»Was sollten Mitarbeiter alles können, um im immer komplexer werdenden Arbeitsalltag professionell und gleichzeitig authentisch zu agieren?«

Die Autoren haben 44 Schlüsselqualifikationen zusammengestellt, die im Berufsleben unerlässlich sind. Die Kompetenzen werden anregend und kurzweilig vermittelt: Einführung, Besonderheiten und mögliche Probleme in der Praxis, Tipps und Checklisten. Jedes Kapitel schließt mit kommentierten Literatur-, Hör- und/oder Internettipps

Die Materialien lassen sich auch gezielt im Führungskräftetraining einsetzen.

»Das Buch ist ein profundes, leicht verständliches Trainingsbuch für junge Führungskräfte, die hier für nahezu alle wichtigen Managementaufgaben gut vorbereitet werden.«

www.roter-reiter.de

»Man erkennt sehr schnell, dass die Autoren dieses Buches mit viel Kenntnis, Liebe und Engagement geschrieben haben – immer stets im Blick, die Leserinnen und Lesern zu befähigen, in ihrem Berufsalltag sicher zu agieren, souverän aufzutreten und sich konstruktiv einzubringen.«

HR performance

Martin Hartmann
Kompetent und erfolgreich im Beruf
Professionell organisieren, kommunizieren, auftreten und überzeugen
2014. 382 Seiten. Gebunden.
ISBN 978-3-407-36553-8

www.beltz.de

BELTZ